U0520503

云上的中国 3

剧变中的AI时代

吴晓波 安健 刘斌 著

中信出版集团 | 北京

图书在版编目（CIP）数据

云上的中国.3，剧变中的 AI 时代 / 吴晓波，安健，刘斌著. -- 北京：中信出版社，2024.5
ISBN 978-7-5217-6553-3

Ⅰ.①云… Ⅱ.①吴… ②安… ③刘… Ⅲ.①互联网络－产业发展－研究－中国 Ⅳ.① F492

中国国家版本馆 CIP 数据核字 (2024) 第 090551 号

云上的中国 3——剧变中的 AI 时代
著者： 吴晓波 安健 刘斌
出版发行：中信出版集团股份有限公司
（北京市朝阳区东三环北路 27 号嘉铭中心 邮编 100020）
承印者： 北京通州皇家印刷厂

开本：787mm×1092mm 1/16　印张：15　字数：196 千字
版次：2024 年 5 月第 1 版　印次：2024 年 5 月第 1 次印刷
书号：ISBN 978-7-5217-6553-3
定价：79.00 元

版权所有·侵权必究
如有印刷、装订问题，本公司负责调换。
服务热线：400-600-8099
投稿邮箱：author@citicpub.com

目录 | CONTENTS

前　言　AI 原生时代，应用创新蓄势待发　　　　　　　　V

第一章　AI 技术百舸争流　　　　　　　　　　　　　001

引　子　生成式 AI 的大爆发与符号主义的衰落　　　　003

第一节　人工智能的道路之争　　　　　　　　　　　006

　　　　称霸早期人工智能的符号主义　　　　　　　007

　　　　命途多舛的联结主义　　　　　　　　　　　011

　　　　深度神经网络开启机器学习时代　　　　　　014

　　　　为大模型埋下伏笔的一年　　　　　　　　　018

第二节　自然语言处理引发的大模型时代　　　　　　020

　　　　算法大战催生大模型　　　　　　　　　　　022

　　　　大模型的智能涌现　　　　　　　　　　　　027

第二章　AIGC 创新企业：从大模型研发到爆款应用　035

第一节　AIGC 热潮下，"百模大战"是好是坏？　037
如火如荼的"百模大战"　038
中国企业争先在市场卡位　040
大厂进入比拼"大模型生态系统"阶段　043

第二节　赋能创作者，工具型平台应用大爆发　045
李白人工智能实验室：电商从业者的"抠图神器"　045

第三节　做视频也能用 AI，下一个风口来了？　050
新壹科技：从视频网站到 AI 技术驱动型公司　050

第四节　用 AI 突破企业发展瓶颈　056
FancyTech：让 AI 赋能电商视频制作　056
Moka：用 AI 重构人力资源管理　061

第五节　当 AI 融入智能硬件：你的手表和鼠标会思考　067
出门问问：将语音技术引入智能硬件　068
拉酷：发明老年人也会用的 AI 鼠标　073

第六节　今天，你制作数字分身了吗？　080
妙鸭相机：第一个出圈的 AIGC 产品　081
童语故事：为孩子打造一款原创 AIGC 产品　086
中科深智：多模态大模型让数字人走进现实　093

第三章　AI 场景创新方法论：从大学到大厂　097

第一节　一触即发的"AI 应用大战"　102

第二节	一场由 AI 发起的科研变革	106
	复旦大学：打造中国高校首个"科研超级计算机"	107
	深势科技：以科学研究新范式，探索 AI 产业化	113
	浙江大学朱峰课题组：用 AI 解决算力难题	123
第三节	AI+ 互联网，步入 C 端应用新时代？	126
	网易伏羲炼成记	126
	喜马拉雅：用 AIGC 赋能的先行者	132
	掌阅科技：用人工智能提升用户体验	135
第四节	大模型上车，让汽车工业更智能	139
	智能汽车操作系统的下一步	142
	加速实现高级别自动驾驶	144
	让产业链更高效，让营销更智能	146
第五节	"智能亚运"背后的全部秘密	149
	从"云上奥运"到"智能亚运"	150
	透视"亚运村的大脑"	153
	将科技与人文结合的 AIGC 邮票	155
	重现 50 年前中国健儿的风采	156

第四章 抓住大模型生态发展的主轴　　159

第一节	模型层："百模大战"与开闭源路线交织的模型生态	164
	泾渭分明的欧美市场	164
	群雄并起的中国市场	168
第二节	大模型基础设施——智能算力和训练数据	193

　　　　　驱动大模型的燃油——智能算力　　　　193
　　　　　训练大模型的粮食——数据　　　　　　195
　　第三节　**大模型工具和服务层**　　　　　　　　　　203
　　　　　PAI- 灵骏：智能算力即服务　　　　　　204
　　　　　阿里云百炼：打造一站式大模型服务平台　205
　　第四节　**应用层：开发者社群和大模型创新应用**　　210
　　　　　个性化 AI 伙伴——释放大模型的情绪价值　211
　　　　　大模型应用能否成为搜索引擎市场的"鲶鱼"？　213
　　　　　魔搭社区：将 AI 开源进行到底　　　　　219

前　言
AI 原生时代，应用创新蓄势待发

迈入 AI（人工智能）大模型和生成式技术飞速发展的时代，基于 AI 的应用创新正在成为新的主题。

2023 年，从通用大模型的喧嚣到行业大模型的集中落地，AI 应用创新在下半年呈爆发式涌现；2024 年，AI 应用的颗粒度正在进一步细化，关注点和效用也更实际，正进一步走近垂直细分领域的价值实现。

对于大多数产业及其中的企业来说，转变技术范式、突破传统模式发展是更现实的挑战，以 AI 赋能现有的技术、业务是最现实的命题，也是最具效率、落地速度最快的路径。

但不同于从传统产业中诞生的创新，AI 时代的新创业者天生就是原住民，他们对新技术的理解、应用和探索得心应手，天然会使用以 AI 思维构建应用的模式。

人们对"AI 原生"充满好奇，不仅想了解其全新模式内涵，也想知道下一个风口将在哪里出现。我们希望通过汇总盘点国内外最新的大模型和 AI 原生应用，为读者提供创新发展趋势的信息和思考。

多模态生成式 AI 竞赛进行中

从 2023 年国内妙鸭相机爆火，到 2024 年初 Sora 引爆全球，生成式 AI 所能呈现的内容形式越来越多样，质量越来越高。

《福布斯》杂志对 2024 年 AI 领域关键创新的预测之一就是多模态生成式 AI，称此类系统能处理文本、声音、旋律和视觉信号等各种输入信息，并将其融合起来进行综合理解。随着多模态技术的不断发展，AI 模型将迎接更加复杂多样化的交互场景，正逐步在智能家居、智慧城市、医疗诊断、自动驾驶等领域打开全新的应用空间。

视频生成

Sora 的发布被认为是 AGI（通用人工智能）实现过程中的重大里程碑事件，而不仅仅是视频生成技术的突破。它对语言的理解也达到了一个新的层级，能够准确地理解提示词，并生成表达充沛情感的视频。它建立在过去对 Dall·E 和 GPT 模型的综合研究基础之上，提出了一种新的模型可能，不仅可以理解用户提出的要求，还能理解物理世界的存在方式。

在 OpenAI 入局之前，创业企业 Pika Labs 和 Runway 被认为是这一赛道的佼佼者。

Pika Labs 成立于 2023 年 4 月，同年 11 月发布首个产品 Pika 1.0，能够生成和编辑 3D 动画、动漫、卡通和电影，并且普通用户还可以对其进行加工，被视为一款零门槛"视频生成神器"。这支最初由 4 个人组建的团队，融资超过 5500 万美元，几乎所有 AI 领域的早期知名投资公司都参与了此轮融资。而 Pika 1.0 发布才过去不到 4 个月，同赛道的 Sora 就横空出世，AI 视频生成这条路上，又增加了很多变数和可能性。

2024 年 3 月，Pika 对超级合作者 (Super Collaborator) 和 Pro 用户开放测试了一项新功能——Sound Effects，声称可以给视频无缝生成音效。生成的方式有两种：提供提示词或直接让 Pika 根据视频内容自动生成。Pika 还没有公开 Sound Effects 背后的原理，此前 Sora 大火之后，语音初创公司 Eleven Labs 就出过类似的配音功能。

另一家独角兽 Runway 成立于 2018 年，是一家 AI 视频编辑软件提供商，主要为设计师、艺术家和开发人员提供一系列的工具和平台，其产品帮助专业人士生成各种内容。Runway 创业之初的产品形态是一个关于机器学习模型的应用商店。随后公司基于 AI 算法，不断开发新的模型框架。

2024 年 3 月，以色列初创公司 Lightricks 也发布了一款 AI 驱动的电影生成和剪辑软件 LTX Studio。只要通过文字，它就能直接生成复杂的剧情，形成语音、音效、视频画面。LTX Studio 结合了多种 AI 技术，涵盖了创作过程中的各个环节。其中，公司独创的文生视频模型 LongAnimateDiff 能够创作出 16~64 帧的视频。此外，团队还发布了另一款专门用于创作 32 帧视频的模型，与 LongAnimateDiff 相比，它在视频质量上通常有更出色的表现。不过，对于背景音乐，公司选择了第三方音乐资产供应商的资源，因为他们认为目前的 AI 技术还无法创作出符合质量要求的背景音乐。

在国内，爱诗科技的 PixVerse 能接受包括图像、文本和音频在内的多种数据源作为输入，基于这些输入生成连贯、逼真的视频内容；该平台能在较短时间内将用户提供的素材转化成视频，极大提高了视频制作的效率；且生成的视频不仅局限于简单的转译，还能具有较高的艺术性和创造性，适合用于制作营销视频、社交媒体内容、教育材料等，有多种应用场景；用户可以根据自身需求对生成的视频进行一定程度的个性化设置和调整。

音频生成

在 Suno 之前，已经有不少企业推出过 AI 音乐生成器，比如 Adobe 的 Project Music GenAI Control, YouTube 的 Dream Track 和 Voicify AI（现在的 Jammable），但只有 Suno 被称为"音乐界的 ChatGPT"。Suno 的与众不同之处在于，可以根据简单的提示创建从歌词到人声和配器的所有内容。

目前，Suno V3 生成的音乐具有以下几个显著优势：更好的音频质量；更多样化的风格和流派；更强的提示遵从性，包括更少的幻觉和更优雅的结尾。

通过 Suno V3，用户可以使用免费账户创作两分钟时长的完整歌曲，具体效果取决于自己选择的音乐流派。Suno 团队还表示，V4 已经在开发之中，并将推出一些令人兴奋的新功能。

值得注意的是，Suno 并未公布过任何训练细节。Suno 首席执行官兼联合创始人米奇·舒尔曼（Mikey Shulman）在采访中表示："并非所有音频都是通过 Transformer 模型完成的，有很多音频是通过扩散模型完成的，这两种方法各有利弊。"

图像与文本生成

2023 年 7 月，妙鸭相机凭借其 AI 图像生成技术，在国内市场迅速走红。用户上传一定数量的照片，就可以通过妙鸭相机的 AI 技术生成高质量的多样化风格写真。FaceChain/FaceChain-FACT 算法使得妙鸭相机生成的图片面部表情自然、细节丰富。此外，其还具备 AI 修图、数字分身创建、模板选择等功能。

在图片生成基础上加入故事情节的童语故事（ImageStory）是国内首个 AIGC（人工智能生成内容）儿童绘本产品，用户可以在小程序里创建数字分身，为孩子定制特定主题的童话绘本和短视频故事。

童语故事生成绘本的两大基础要素是文字和图片，与此对应，童语故事选用了通义千问和通义万相模型来打造这两项基础能力。在"童语故事"小程序上生成绘本故事只需要三步。第一步，选择故事角色。用户可以定制自己喜欢的角色，也可以上传照片创作自己的数字分身。第二步，输入故事主题思想。用户如果没有灵感，可以选择"创作灵感"和"随机一个"，童语故事提供了 20 个睡前故事和育儿故事。第三步，选择朗读音色、画面风格和字数。童语故事提供多种风格、不同年龄的声音，有扁平插画、油画、写真等 10 种画面风格供用户选择。用户可以设置故事字数和段落/图片数，多情景故事还支持自动分集，以及用合集来生成。简单设置完成后，点击"立即制作"即可。

上线以来，童语故事得到了消费者的喜爱，更得到了影视公司、出版社、专业儿童作家、电商平台的认可，月活用户涨到了 50 万，微信小程序用户平均停留时间达到 8~15 分钟，这样的用户时长在 AI Story（人工智能生成故事）赛道已经排得上全球前三。

供春 AI 将文生图的创意进一步专业化，是紫砂壶行业内第一个 AIGC 辅助设计工具。这一小众行业有方言、圈子和文化等壁垒，且紫砂壶设计需要师傅的认可，AI 设计出来的紫砂壶大部分需要人工调整，市场上通用的大模型设计出来的图大部分不可用，需要基于小灵快和开源的模型做持续的训练。

供春 AI 已经成为传统工艺美术从业者的好助手，其产出的每 30~50 张图中大约有 1 张是可以被资深工艺美术师认可的。截至 2023 年 11 月，已有 2000 多位工艺美术从业者使用供春 AI 设计紫砂壶，工艺美术师制作的工艺品已经落地100多件。从商业模式上看，供春AI有一定的可复制性，已在其他陶瓷产区进行陶瓷艺术设计的推广复制。

"助手"新形态：AI智能体快速演进

AI领域著名专家、斯坦福大学计算机科学系教授吴恩达指出：AI智能体工作流（AI agentic workflow）将推动AI取得巨大进步，甚至可能超过下一代基础模型。他呼吁所有从事AI研究工作的人都关注AI智能体工作流。

2024年3月，初创企业Cognition AI推出了全球首个AI软件工程师Devin。在宣传中，Devin能够将用户的提示词直接转化为网站或者电子游戏。它能自主下载代码、搭建环境、执行代码、修复bug（漏洞）并完成任务，而且完成这些端到端的任务只需一个指令。

在SWE-bench基准测试中，Devin能够解决13.86%的问题，而GPT-4仅能处理1.74%的问题。更重要的是，Devin无需人工干预，而GPT-4则需要人工提示指定处理文件。

Devin一经发布，便引爆了整个科技圈，但在此之前绝大多数人可能根本没听过这家公司，毕竟他们在发布Devin前两个月才真正在公众面前亮相。这家仅有10名员工的公司，从彼得·蒂尔的风险投资公司Founders Fund及其他资方（包括推特前高管埃拉德·吉尔）处成功筹集到2100万美元。这些投资方所看中的，正是Cognition AI的创始团队及其主要成果Devin。

Cognition AI在设计Devin时的一大亮点，就是该公司在计算机推理能力方面取得了突破。从AI的角度来讲，推理意味着系统不仅能够预测句子中的下一个单词或者一行代码中的下一个片段，还能够以近似人类的方式思考并找到合理的问题解决方法。

Cognition AI 公司并不是唯一一家致力于构建 AI 编码工具的企业。

2024 年 2 月，初创公司 Magic AI 陆续获得了谷歌母公司 Alphabet 旗下的 CapitalG 领投的 2800 万美元，以及 GitHub 前 CEO（首席执行官）奈特·弗里德曼（Nat Friedman）和他的投资合伙人丹尼尔·格罗斯（Daniel Gross）投资的 1.17 亿美元资金。

Magic AI 私下宣称其能够实现类似于 OpenAI 开发的"Q 算法"的主动推理能力，称自己开发的新型大语言模型更接近于人类的思维方式，能实现全自动化编程，打破现有的半自动化代码编写模式，类似于一个真正的编程人员。Magic AI 选择从零开始设计自己的模型和其他底层技术，希望借此保障业务独立性。这家初创公司尚未对外展示其 AI 系统。

在国内，除了各互联网大厂纷纷推出智能体产品，这一赛道也涌现了大批创业企业，并与各行业快速融合并落地。

例如，实在智能在 2023 年 8 月发布了自研垂直领域大语言模型"塔斯"（TARS），基于此，并结合 RPA（机器人流程自动化）与 AI 智能体，即插即用的产品级智能体 TARS-RPA-Agent 由此诞生。澜码科技在 2023 年 12 月 20 日正式发布的 AskXBOT 平台，是其自主研发的基于大语言模型的集智能体与工作流设计、开发、使用、管理、知识沉淀于一体的一站式平台。智谱 AI 于 2024 年 1 月发布了第四代多模态基座大模型 GLM-4 系列，并上线了全新 GLM-4 的 All Tools（所有工具）、GLMs 个性化智能体定制能力……

探索生成式 AI 真正的商业价值

通过上述热点 AI 应用创新项目，我们可以看到新技术的突破方向，也发现基于生成式AI迸发出的全新商业前景落地的可能性。

但一个现实的问题是：这些应用和企业是昙花一现，还是会持续繁荣？

红杉资本在"Generative AI's Act Two"（《生成式AI的第二幕》）一文中指出，目前生成式AI应用的最大问题，是需要证明自身的价值，因为目前基于基础大模型开发的应用用户留存率明显不够。当前头部消费级App（应用程序）第一个月的用户留存率能达到60%~65%，高的甚至能达到85%。生成式AI应用的用户留存率，中位数只有14%。这意味着，用户还没有在生成式AI产品中找到足够价值，不能够每天都使用。如果开发者想要建立起持久的业务，就需要解决用户留存问题。因此，生成式AI真正的商业价值还在于对各种应用场景的发掘。

此外，不仅是应用自身的价值，当前很多AI创业企业的竞争力严重依赖核心创始团队，也造成了公司运营、业务持续等方面极大的不稳定性，很多公司还没有出现可持续的商业模式就已经要化为泡沫。

2024年3月23日，Stability AI的CEO宣布辞职，这家公司培育出的Stable Diffusion开源文生图大模型在业内颇具影响力。而在CEO辞职之前，媒体称曾参与开发Stable Diffusion模型的几名关键人员都已经离开了。据报道，Stability AI资金耗尽，无法支付训练大模型所需的GPU（图形处理器）集群费用，外界普遍认为这家公司将面临破产。

早在2022年就推出了AI助手ACT-1的Adept团队的两位联合创始人离开，之后创立了自己的公司Essential AI。

另一家AI独角兽公司Inflection AI也岌岌可危。2023年6月底，这家公司宣布融资13亿美元，估值达到40亿美元，成为仅次于OpenAI和Anthropic的全球第三大生成式AI独角兽。但2024年，三位创始人中的两位都投奔微软成立新的公司。这些创业公司的发展历程与此前 OpenAI 发生"宫斗"和几乎重新自立门户的经历很像。

  但 AI 时代的创新巨轮才刚刚开始转动，AI 创新的技术成熟度曲线将走出怎样的周期，我们将持续关注。大家现在能做的，就是保持开放的心态，迅速学习。

第一章

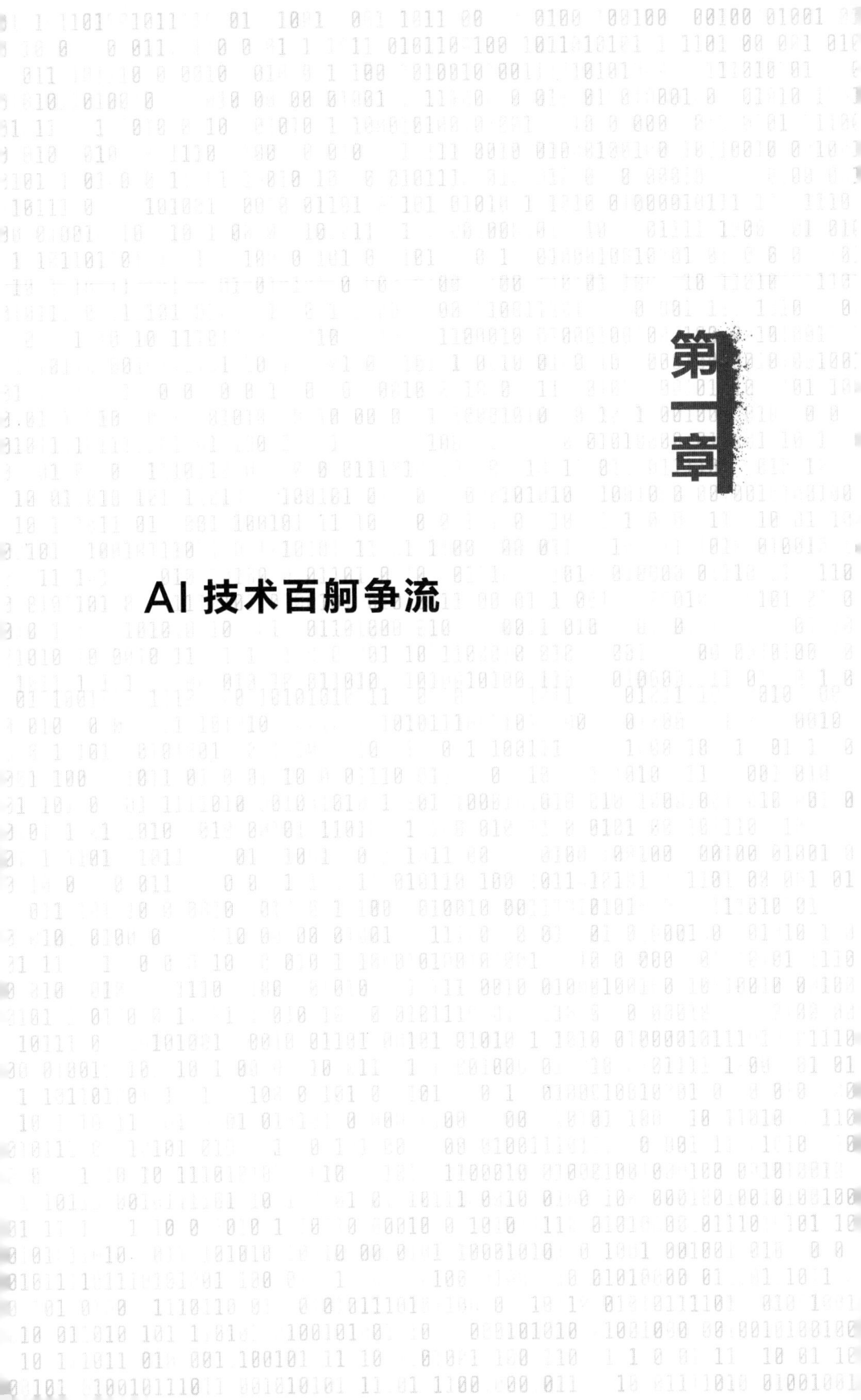

AI 技术百舸争流

引　子
生成式 AI 的大爆发与符号主义的衰落

2023 年 12 月 6 日，美国《时代》周刊公布了年度人物名单。这一年出尽风头的美国人工智能研发巨头 OpenAI 的首席执行官萨姆·奥尔特曼（Sam Altman），不出意料地当选为年度首席执行官（CEO of the Year）。要知道《时代》周刊从 1927 年开启年度人物评选，这是它 96 年来首次评选出年度首席执行官，足以体现该杂志对 ChatGPT 在 2023 年显示出的划时代意义给予的特殊敬意。

奥尔特曼和他联合创办的 OpenAI 确实值得这份荣耀，正是 ChatGPT 在 2022 年底的横空出世，让 2023 年出现了人工智能发展史上具有里程碑意义的重大转折。

整个 2023 年，生成式 AI 的持续爆火，激发了人工智能新的研究和创新浪潮。无论是国内以阿里巴巴、百度、腾讯、华为等大厂为首发起的"百模大战"，还是国外各大人工智能巨头发布的 GPT-4、Gemini 等最新版文生文、文生图、文生视频应用，都说明人工智能技术在全球范围内得到飞速发展，渗透到各行各业以及人们生活的方方面面。

进入 2024 年，这股热潮丝毫没有衰退的迹象。一开年，OpenAI 就发布了颇具颠覆性的文生视频大模型 Sora，它仅仅根据提示词，就能够生成长达 60 秒、具有丰富细节的连贯视频，"碾压"了行业内目前只能生成平均 4 秒左右视频的其他模型。可以说，Sora 的出现，预示着一个全新的视觉叙事时代的到来。

如今人们对于人工智能必定会在2024年迈向一个新的阶段几乎没有疑问,类似ChatGPT、Sora这样令人惊叹的应用肯定会不断涌现,人工智能在我们生活中的渗透程度会更深,渗透范围会更广,它会以前所未有的速度变得更加普及。

对人工智能发展脉络了解较少的读者可能会问,为什么人工智能在这两年取得了如此令人眼花缭乱的进展?其实,自"人工智能"这一概念在20世纪50年代正式面世之后,人类就开展了多条技术路径的探索,即便是一次次昙花一现的进步,也积累了宝贵的经验,这才使人类取得今天的成就。

简单说,生成式AI的大发展,只能说是人类在AI研究领域的其中一条道路——以神经网络为基础的联结主义AI走出了困境,最终见到了曙光;而另一条道路——以符号主义为代表的早期AI,却没能笑到最后。

提及后者,许多人恐怕还记得IBM(国际商业机器公司)在20世纪90年代研发的超级电脑"深蓝"(Deep Blue),它正是人类在符号主义AI这条道路上研发出的最激动人心的成果。

1997年5月11日,是人工智能发展史上具有历史意义的一天。在美国纽约曼哈顿公正中心,于1985年至2006年间曾23次获得世界排名第一的国际象棋之王加里·卡斯帕罗夫,与深蓝进行关键一役。这是两者的第六局比赛,也是整个比赛的决胜局。

一年前,卡斯帕罗夫曾经大比分击败了深蓝,他因此得意地向媒体表示:"深蓝根本算不上什么人工智能,它充其量和你家的闹钟一样聪明。"但他没想到,仅一年后,深蓝的棋力突飞猛进。他不知道的是,深蓝团队大幅改进了剪枝算法和平行计算模式,不但进一步减少了每一步的搜索量,还加快了搜索的速度,这大幅提升了深蓝的"思考长度"。这一精进让国际象棋大师大吃一惊，阵脚大乱，并最终在第六局比赛中投子认输。

深蓝的胜利无疑具有爆炸性的传播力，让全世界的目光再次聚焦于人工智能这一命途多舛的新兴学科。当人工智能从业者，特别是符号主义学派欣喜地认为，人工智能的第二次寒冬终于结束，历史却跟他们开了一个冷酷的玩笑。

他们没有想到，深蓝的胜利成了以符号主义为代表的早期人工智能最后的高光时刻。以逻辑推理为基础的符号主义 AI 如同笨重的恐龙，统治了早期的人工智能，却无法在互联网和信息爆炸的新时代生存下来。而以神经网络为基础的联结主义 AI 则成功幸存，不断发展，进化出深度学习、大语言模型、生成式 AI 这样震动世界的"后代"，出现 ChatGPT 和 Sora 这样影响世界的现象级应用，进而让 AI 真正开始改变人类生活。

然而如同电影《侏罗纪公园》的情节，符号主义 AI 应用的"恐龙"虽然已经渐渐没落，但它们的 DNA 被完整地保存在琥珀之中——符号主义 AI 的思想已渗透到人工智能领域的各个角落，成为学术研究和行业应用的基础性知识。或许它将在未来卷土重来，与它的两个"同胞兄弟"——联结主义 AI 和行为主义 AI 一起，引领我们进入人工智能的未来世界。

第一节
人工智能的道路之争

回顾人工智能的发展历史，有三个主要的人工智能学派，分别是机器模拟人类心智（mind）的符号主义、机器模拟人类大脑（brain）的联结主义以及机器模拟人类行动（action）的行为主义（见表1-1）。由于行为主义的研究主要和机器人学高度相关，往往被视为相对独立的分支，且其主要观点已经融入联结主义的方法论，因此本书主要介绍符号主义与联结主义这两个观点相对的人工智能学派。

表 1-1 人工智能学派主要思想和典型应用

人工智能学派	主要思想	代表方法	典型应用	备注
符号主义	认知就是通过对有意义的表示符号进行推导计算，并将学习视为逆向演绎，主张用显性的公理和逻辑体系搭建人工智能系统	知识图谱、专家系统、决策树等	IBM深蓝计算机	深蓝计算机在1997年战胜国际象棋冠军卡斯帕罗夫
联结主义	利用数学模型来研究人类（大脑）认知的方法，用神经元的连接机制实现人工智能	神经网络/深度学习、支持向量机（SVM）等	ChatGPT	AlphaGo（阿尔法围棋）是两个学派的结合体
行为主义	以控制论及感知-动作型控制系统原理模拟行为以复现人类智能	强化学习等	波士顿动力机器人/机器狗	

称霸早期人工智能的符号主义

从 1956 年达特茅斯会议第一次提出"人工智能"一词到 20 世纪 90 年代末,符号主义统治了早期的人工智能。如果用一句话来描述符号主义的思想,那就是将现实世界抽象为可被机器识别和计算的符号,利用运算模仿人脑思考,通过逻辑推理来认知世界。简言之,符号主义认为智能就是计算。由于逻辑和计算是人类典型的心智活动,因此符号主义也常常被称为心智派。

追根溯源,符号主义直接脱胎于艾伦·麦席森·图灵的思想。图灵定义了什么是人工智能,以及人工智能应该具备什么样的能力。20 世纪 40 年代,二战带来的计算科学和半导体技术的大爆发,让人们越来越多地在现实层面讨论机器智能的可能。但在那个约翰·冯·诺依曼还没提出计算机架构的年代,学术界根本无法对人工智能的定义达成一致,更不用说形成一门严谨的学科了。

此时图灵的天才尽显无遗,他另辟蹊径,先假定机器可以具有类似人类的智能,然后给出一个判断方法:人与一台机器和另一人进行对话,通过提问与回答,分辨与之对话的是机器还是人类。如果人无法区分机器和人类,则代表机器通过了测试,是具备智能的。

这就是大名鼎鼎的"图灵测试",起初它只是在论文中的一个思维实验。图灵没有想到的是,图灵测试会成为判断人工智能水平的重要标准。到 2024 年的今天,每隔几年就会有研究团队带着自己的人工智能向图灵测试发起挑战,但还没有一个可以成功,即便是今天最强大的生成式 AI 模型也没有完成图灵的愿景。

1950 年,图灵发表了题为《计算机器与智能》的重要论文,探讨"机器能否思考"这一问题。图灵的明智之处,是他没有纠结于机器如何思考的问题，而是开创性地提出用计算和推理达到智能的效果，并提出了用图灵机的计算架构去实现这种智能，以及用图灵测试来验证智能效果。可以说他一个人定义了什么是人工智能（计算）、如何实现智能（图灵机）以及人工智能的标准（图灵测试），因此被公认为"人工智能之父"。

回看历史，如果我们承认图灵是人工智能的奠基人，那我们可以说早期的人工智能就是符号主义的。顾名思义，符号主义得名于符号，其思想主要继承于图灵，认为智能等同于计算。为了实现智能，就要用各种方法将现实世界的各种物体抽象成符号，然后利用逻辑和计算替代人类大脑的思考。

在图灵、马文·明斯基和赫伯特·西蒙等代表人物的引领下，符号主义学说在人工智能领域的统治地位维持了半个多世纪，直到杰弗里·辛顿等学者引领的机器学习潮流出现。然而由于时代和相关技术的局限性，符号主义 AI 取得的两大主要成就是符号表达和专家系统。

将知识符号化的过程又被称为符号表达，也是实现符号主义 AI 的基础步骤，其中应用最广的一个系统就是语义网络。语义网络可以直观地呈现信息，并且能进行复杂的语义推理。进入互联网时代，谷歌在 2012 年提出了知识图谱的概念，语义网络的相关研究和应用又迎来了一个小高潮。在知识图谱的帮助下，搜索引擎能够确定 Apple（品牌）和 apple（水果）之间的区别。语义网络在自然语言处理（NLP）和知识图谱等领域至今仍广泛应用，是符号主义在今天仍然在发挥作用的为数不多的重要遗产。

符号主义的另一个主要成就是专家系统。顾名思义，专家系统是一套回答人们特定问题的计算机系统。20 世纪 70 年代，计算机的硬件发展让大规模的知识存储成为可能，专家系统应运而生，这些系统基于特定行业的知识收集存储，并利用编程规则解决特定的专业问题，如医疗诊断、金融分析等。专家系统的概念，第一次让社会看到了人工智能在商业应用中的前景。

人们对人工智能首次在商业世界中的大规模应用充满期待。然而后来的历史证明，符号主义正在走入一条没有出路的死胡同。符号主义相信，逻辑是认知世界的唯一途径，因为这是人类认知世界的方式，因此他们不辞辛劳地为计算机所做的每一个决定进行编程。然而问题是，现实世界往往充满了定义不清和难以描述规则的事件，一个由工程师精心打造、像钟表一样精密的专家系统根本无法应对这样的情况。

专家系统未能达到预期，让人们对人工智能产业再次失望，直接引发了人工智能第二个冬天的到来（见图1-1）。尽管深蓝计算机应用最新的统计学方法战胜了人类，但这种胜利也展现了符号主义的局限性——IBM花费了多年时间和数百万美元开发一台能下国际象棋的计算机，但仅此而已，深蓝在其他领域毫无建树。

到此为止，符号主义AI看似已经进入瓶颈，无法解决通用性和随机性问题的弊端让AI难以实现可观的商业价值。由于发展没有达到外界预期，符号主义AI两次陷入低谷，外部投资、政府支持和相关学术研究大量减少，史称AI寒冬。浙江大学人工智能研究所所长吴飞认为："将人类所有知识收集起来且形式化的任务根本无法完成。人工智能需要模拟大脑而非追求严密的推导功能，即对推理的严格约束进行松绑。"看来人工智能要实现破局，需要我们拥有一种完全不同的思维方式。

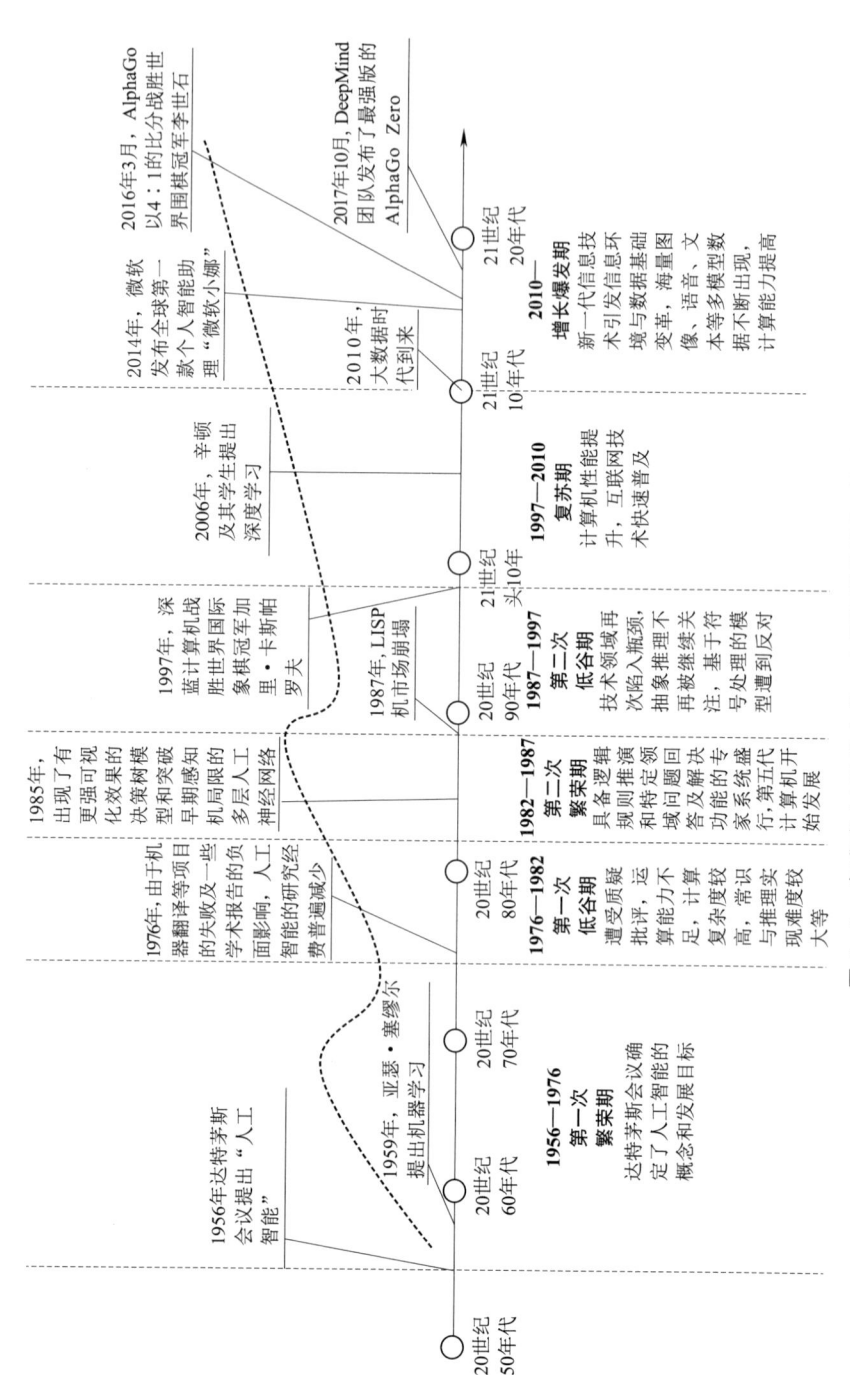

图1-1 生成式AI爆发之前，人工智能的发展时间轴

20世纪50年代

20世纪60年代
1956年达特茅斯会议提出"人工智能"
1959年，亚瑟·塞缪尔提出机器学习

20世纪70年代
1956—1976 第一次繁荣期
达特茅斯会议确定了人工智能的概念和发展目标

20世纪80年代
1976—1982 第一次低谷期
1976年，由于机器翻译等项目的失败又一些学术报告的负面影响，人工智能的研究经费普遍减少
遭受质疑批评，运算能力不足、计算复杂度较高、常识与推理难度实现较大等

20世纪90年代
1982—1987 第二次繁荣期
1985年，出现了有更强效果的决策树模型和突破早期感知机局限的多层人工神经网络
具备逻辑规则推演和特定领域回答问题的专家系统盛行，第五代计算机开始发展

21世纪初10年
1987—1997 第二次低谷期
1997年，深蓝计算机战胜世界国际象棋冠军加里·卡斯帕罗夫
1987年，LISP机市场崩塌
技术领域再次陷入瓶颈，抽象推理不再被继续关注，基于符号处理的模型遭到反对

21世纪10年代
1997—2010 复苏期
2006年，辛顿及其学生提出深度学习
计算机性能提升，互联网技术快速普及

21世纪20年代
2010— 增长爆发期
2014年，微软发布全球第一款个人智能助理"微软小娜"
2010年，大数据时代到来
新一代信息技术引发信息环境与数据基础变革，海量图像、语音、文本等多模型数据不断出现，计算能力提高

2016年3月，AlphaGo以4:1的比分战胜世界围棋冠军李世石

2017年10月，DeepMind团队发布了最强版的AlphaGo Zero

命途多舛的联结主义

如果说符号主义试图模拟人类的心智，那么联结主义则试图模拟人类的大脑。与称霸主流的符号主义相比，联结主义的发展更加一波三折，甚至有点像武侠小说的情节——主人公遭遇重大打击却矢志不渝，后来的一番奇遇让他修得神功，最终一统江湖。联结主义的主要思想——模拟人脑的神经网络理论，在人工智能发展早期就已经出现，和符号主义分庭抗礼，但却因为种种限制长期被压制，并没有得到长足发展。神经网络的创始人沃尔特·皮茨（Walter Pitts）英年早逝，第一个将神经网络投入应用的学者弗兰克·罗森布拉特（Frank Rosenblatt）甚至被很多人认为是间接死于学派理论之争，直到辛顿携深度学习出世，神经网络才成为人工智能研究的主流。

符号主义称霸了早期人工智能领域，以神经网络为基础的联结主义则统治了今天的人工智能领域。1943年，神经学家沃伦·麦卡洛克（Warren McCulloch）和数学家皮茨提出了首个人工神经网络模型，从而开创了人工神经网络模拟人类大脑研究的时代，这就是联结主义的起源。后来人们根据麦卡洛克和皮茨的名字将神经元模型命名为"M-P神经元模型"。神经元模型的发布并没有造成太大的影响力，因为它实在太简单，人们不知道它能做什么。直到1957年，罗森布拉特在一台IBM 704计算机上模拟实现了一个叫作"感知机"（perceptron）的神经网络模型"Mark I"（见图1-2），号称可以对手写数字进行视觉识别和分类。

简单来说，最初的神经网络就像一个超级大的参数方程，每个参数对应手写数字的一个像素。通过研究大量的手写体数字，研究人员就可以设定每个参数的赋值——在今天的大语言模型中称之为权重，神经网

图 1-2　罗森布拉特和他的感知机"Mark I"
图片来源：https://transbordeur.ch/en/2019/conversations/

络就可以分辨数字了。

尽管感知机的功能简单，却有着重大意义。这是人类第一次只需要通过预先的参数调整，不依靠编程，仅靠机器学习以完成某项智能任务，这就展现了一条独立于图灵机和符号主义的实现人工智能的全新道路。至今所有以神经网络为基础的人工智能模型在最基本的工作原理上都与感知机并无二致。

更重要的是，它和主流的符号主义思想完全背道而驰，形成了一种学术路线之争，自然会引发学术同行的质疑和论战。联结主义的代表马文·明斯基和西摩尔·派普特（Seymour Papert）在1969年出版的《感知机》这本书中指出了感知机神经网络的一个致命问题：神经网络可以很好地完成"与""或""非"的逻辑运算，却无法完成异或（exclusive-OR，缩写成 XOR）这一人类可以简单处理的逻辑运算，这是由于像感知机这样单层的神经网络（只有一层输入层和一层输出层）无法解决非线性分割问题。

要解决这一问题，只能通过多层神经网络，也就是深度学习的方法，但由于当时计算能力有限，根本无法解决多层神经网络造成计算量激增的问题。

作为人工智能的先驱，明斯基的著作在该领域有巨大的影响力，且他对单层神经网络缺点的论证几乎无懈可击，这在当时人们的头脑中烙下思想钢印："神经网络连最基本的逻辑运算都无法完成，更不可能具有智能。"

从此之后，研究者对神经网络研究的热情大减，甚至视之为人工智能研究的"异端"。由于在学术论战中落败，罗森布拉特从此一蹶不振，并在《感知机》出版不久后的 1971 年，不幸在自己 43 岁生日当天溺水身亡。而在该书出版的同一年，年仅 46 岁的皮茨在收容所孤独死去。4 个月之后，麦卡洛克也在医院过世。

短短两年间，几位领军人物相继离世，这对整个联结主义学派乃至人工智能领域来说都是沉重的打击，有关神经网络的研究进入了一个长达几十年的低潮期，直到辛顿引领的深度学习潮流出现，才上演了王者归来的大戏。

可以看到，符号主义和联结主义思潮在 20 世纪 60 年代相继出现，但各自都遭遇了挑战和挫折。尽管符号主义是当时的"显学"，但也遇到了研究的瓶颈，无法满足人们对人工智能不切实际的预期。而联结主义则在路线斗争中落于下风，被讥讽为"炼金术"，难以获得资金和人才的支持。当然，受限于时代，计算技术、数据存储技术的发展都刚刚萌芽，人工智能的研究者们很难将他们的设想化为现实，这也是人工智能屡屡遭遇寒冬的客观原因。

深度神经网络开启机器学习时代

进入21世纪，相关科学技术飞速发展，特别是芯片技术的迭代为越来越强大和便宜的算力提供了技术基础。另外，人类社会正式进入数字化时代，大量知识的线上化和数据化给世人提供了前所未见的数据量。如果我们将任何人工智能的应用都看作由算法、算力和数据三个引擎所驱动的话，那么此时人工智能的研究者终于获得了足够强大的工具。人工智能经历的漫长寒冬终将结束，春天即将到来，而首先解冻的是尘封已久的神经网络。

反向传播算法解冻神经网络

再次带领神经网络崛起的人就是辛顿，他如今被大多数人尊称为"深度学习之父"。也许是受到作为生物学家的父亲影响，辛顿从年轻时起就对人脑的结构和工作原理着迷，他坚信模拟人脑的构造是通向人工智能的正确道路。但是如上文所述，在20世纪七八十年代，对神经网络的研究几乎进入冻结状态，大部分人认为模拟人脑是天方夜谭，根本不可能实现。辛顿的研究方向四处碰壁，斯坦福大学和卡内基-梅隆大学等人工智能研究重镇都对他的研究不感兴趣，辛顿最终落脚加拿大，因为当时只有多伦多大学愿意资助他的人工智能研究。

真理也许真是常常掌握在少数人手中，辛顿对神经网络的研究多年来不断遭受同行的质疑和嘲讽，连多伦多大学本校的教授都认为神经网络是"科研炼金术"，让学生离这个课题远点。辛顿却不为所动，一直坚持不懈地发表了大量研究成果，直到在2006年发表论文，提出了深度学习的概念。这里的深度学习实际上就是多层神经网络的机器学习法。深度学习属于机器学习的范畴，也是机器学习最为重要的一个分支。之前我们提到，神经网络之所以长期没有得到发展，其中一个重要的原因是人们没有找到训练多层神经网络的方法，而辛顿的主要贡献就是破解了这个难题，提出了反向传播算法。

假设一个深度神经网络要解决的问题是识别图片里的猫，一开始神经网络没有经过训练，给出了一个非常离谱的答案"大象"。大象和猫肯定天差地别，这个巨大的差别就是成本函数。反向传播就是通过喂给网络无数张猫的图片，不断调整网络中无数个参数的权重，直到网络能够每次都正确识别出猫。"从大象到猫"的过程，就是深度学习网络训练的过程，在机器学习里，又被称为梯度下降。

由于神经网络生成的结果是由百亿甚至千亿个参数之间相互作用产生的，人类根本无法预测和掌握这个过程的因果关系，这也是大模型不可解释性的根本来源。这与人脑工作原理的不可解释性在本质上是一致的。

深度学习最厉害的地方，是它理论上能解决任何可以用函数表示的问题。只要有正确的输出数据，那么神经网络就可以通过无数次的训练，来调整其神经元权重，获得正确的答案，这就是深度学习的过程。

有了反向传播算法，理论上机器可以自主学习任何需要人类智能的任务，因为在计算机的语言里，所有数据都是由 0 和 1 组成的，包括图片、文字、音频和视频。举例来说，神经网络可以识别图片，那它就可以识别音频和文字。可以说这完全打开了一个新世界的大门，让人们看到了无限的可能性，机器不再依赖一条条编程，而可以通过训练来学习任何知识。

此前神经网络的研究之所以会长期停滞，是因为深度神经网络这个算法在 20 世纪五六十年代的发现实在是远远超前于时代，当时既没有足够快速的 CPU（中央处理器）/GPU 来计算海量神经元的参数，也没有足够多的、高质量的标注数据来训练模型。计算机硬件在摩尔定律下快速发展，加上全球互联网化带来了数据大爆炸，再加上辛顿这样执着的天才提出深度学习的概念，人类才能走出迈向通用人工智能的第一步。

ImageNet 图像识别推动 AI 突破

当然，深度神经网络第一个让世界震惊的应用还是在图像识别领域。有了深度神经网络这个先进的算法，那么数据和算力的问题如何解决呢？这时我们就要请出讲人工智能发展史不得不提到的人物，被称为"AI 教母"的李飞飞教授。

李飞飞一直深耕于计算机视觉的研究，她从儿童识别图像的过程获得了灵感。人类的眼球平均每 200 毫秒就移动一次，如果将眼睛视为一个照相机，那么一个三岁的儿童就已经看过上亿张图片了。李飞飞认为，正是因为通过如此大量的学习，人脑才具备视觉识别的能力，要让计算机具备视觉识别能力，就需要大量的训练材料。

受此启发，她和普林斯顿大学的李凯教授在 2007 年建立了图片数据库 ImageNet，用来促进计算机图形识别技术的训练。这一决定也遭遇了极大的阻力，很多人都劝告她，要想拿到终身教职就赶快放弃，但李飞飞却不为所动，一直坚持数据库的建设。由于图片标注需要大量人工劳动，李飞飞想到了通过云计算技术进行众包，请全球 160 多个国家近 5 万名网民对互联网上的图片进行标注。到 2009 年，ImageNet 上已经包含了 2200 个类别的 150 亿张经过清洗、分类和标注的图片。并且这个数据库完全开源，免费提供给全球所有研究者。可以说李飞飞创建的 ImageNet 大大加速了人工智能图像识别技术的发展，也让全世界看到了深度学习的无限潜力。

从 2010 年起，每年都会举办"ImageNet 大规模视觉识别挑战赛"（ImageNet Large Scale Visual Recognition Challenge，简称 ILSVRC），看哪一款参赛程序能以最高的正确率对物体和场景进行分类和检测。这种能够量化且带有对抗性质的活动，十分容易牵动公众的目光。当时没有人预料到，辛顿的深度神经网络在赛上的首秀将震惊世界。

今天回看，历史中充满的无数巧合推动人工智能技术走向发展和成熟。在辛顿发表深度学习论文的同一年——2006 年，另一位在计算科学领域举足轻重的美国华裔，英伟达的创始人和 CEO 黄仁勋宣布，公司将推出统一计算设备架构（Compute Unified Device Architecture，简称 CUDA）平台。CUDA 是一种并行计算平台和编程模型，允许开发人员利用 GPU 的并行性进行通用计算。这种能力使科学家、工程师和研究人员能够利用 GPU 处理大规模的计算问题。CUDA 平台的推出，给了普通科研人员强大且低成本的算力资源。英伟达也因此垄断了后来的科学计算及人工智能算力市场，其后续推出的专门针对人工智能计算的 V100 和 A100 显卡，也成了大模型所需巨大算力的源泉。

此时的辛顿正在和他的两名学生伊利亚·苏茨克沃（Ilya Sutskever）和亚历克斯·克里切夫斯基（Alex Krizhevsky）一起，研究深度神经网络在计算机识别方面的应用，在李飞飞的 ImageNet 和黄仁勋的 CUDA 平台的帮助下，算力和数据的问题都迎刃而解。最终他们成功设计出一个具有 8 个中间层，包含 400 多万个参数的深度神经网络，并在 2 张 GTX580 显卡上训练了大约 1 周的时间。与今天动辄上千亿参数的大模型相比，400 万个参数的模型显得微不足道，但这却是当时最先进的图像识别神经网络。

2012 年，辛顿的团队带着他们最新的研究成果参加了 ImageNet

大规模视觉识别挑战赛，并一举夺得了当年的桂冠。由于他们参赛时还没有给程序起名字，后来人们就用论文第一作者的名字将其命名为 AlexNet。AlexNet 的表现异常出色，其比赛得分远远领先于其他没有采用深度学习的算法。它的成功也让人工智能领域的学者们意识到了深度神经网络的巨大潜力。此后，其他研究团队纷纷效仿，设计了层数和参数更多的神经网络。

为大模型埋下伏笔的一年

2015 年是另一个人工智能领域的里程碑之年。

首先，来自微软研究院的 152 层的残差网络（ResNet）以仅 3.57% 的错误率赢得了 ILSVRC 比赛的冠军。而人类志愿者在这个竞赛里，通过肉眼辨识图像的平均错误率是 5.1%。从 2015 年起，机器在对图像进行识别和分类这项技能上的成绩事实上已经超越了人类。这是人工智能在认知领域方面超越人类的一个案例，更是深度神经网络的一个巨大成功，而且它似乎还可以作为令人难以抗拒的"神经网络规模越大，能力越强"的一个有力论据，为后来大模型的诞生埋下伏笔。

同样在 2015 年，在距离多伦多 4000 多公里的硅谷，萨姆·奥尔特曼、埃隆·马斯克和彼得·蒂尔等一群志同道合的创业者意识到了人工智能，特别是深度学习的潜力，于是联手建立了一家人工智能创业公司，名字叫 OpenAI。而他们招揽的第一个人工智能技术专家，就是 AlexNet 的三位作者之一，辛顿的得意弟子伊利亚。他从待遇优厚的谷歌研究团队辞职，加入 OpenAI，担任首席科学家。

与硅谷跨洋对望的中国，一群学者、创业者、从业者和企业家，也在孜孜不倦地探索人工智能的边界。

早在 2014 年，阿里云的人工智能平台 PAI 就已诞生，这个平台的全称是 Platform for AI，当时阿里巴巴就在思考如何用人工智能来处理大数据。直到 2017 年，PAI 开始对外提供服务，并在新一轮生成式 AI 浪潮中，为大模型的全生命周期提供人工智能工程化服务。2018 年之后，阿里云开始自研深度语言模型、自然语言预处理模型，逐一实现在人工智能技术上的单项能力突破，而这些循序渐进的尝试，都为阿里云 2023 年迎来生成式 AI 打下了坚实基础。

2014 年，阿里巴巴在硅谷成立数据科学与技术研究院（iDST），以储备人工智能的技术和人才。2017 年，大规模视频分类比赛 ACM MM LSVC——相当于视频识别领域的 ILSVRC——公布了本年度最佳成绩，阿里巴巴 iDST 团队的深度学习模型凭借 87.41% 的平均准确率夺得冠军。同样是 2017 年，iDST 被重新整合为达摩院，阿里巴巴宣布投入 1000 亿元人民币的研发资金，支持达摩院进行包括人工智能在内的尖端技术的研究。站在今天回看历史，所有这一切，将为后来阿里巴巴通义系列大模型的诞生埋下重要伏笔。

与阿里云中国总部杭州相隔 1000 多公里的清华大学，将成为大模型时代人工智能研究的另一个重镇，它将撑起中国大模型创业的半壁江山。2015 年，杨植麟从清华大学毕业，远赴美国求学。他和张鹏曾先后师从清华大学计算机系教授唐杰，研究知识工程相关工作——一项起源于符号主义 AI 的研究。那时他们应该想不到，自己日后将分别成为月之暗面和智谱 AI 这两家大模型领军企业的 CEO。同样是从清华大学毕业的王小川在 2015 年被《经济观察报》评为年度行业领军人物，此后他将经历事业的"大落大起"，并将凭借百川智能回到大模型创业的潮头。

舞台已经就位，英雄正在登场，大模型时代的大幕将徐徐拉开。

第二节
自然语言处理引发的大模型时代

深度神经网络在图像识别领域已经取得了突破性的进展，但在自然语言处理这个重要的领域，却迟迟没有获得巨大突破。从图灵测试到ChatGPT，自然语言处理一直是人工智能最大的试金石，也是公众感知最直接、最深刻的人工智能，无数人工智能从业者都想拿下这颗皇冠上的明珠，但在大语言模型出现以前无不折戟沉沙。人工智能在这个领域无法取得突破主要还是因为数据、算力和算法这三个方面的限制，然而随着技术的快速进步，这些前人看似无法逾越的壁垒正在被锲而不舍的人工智能从业者们逐一攻克。

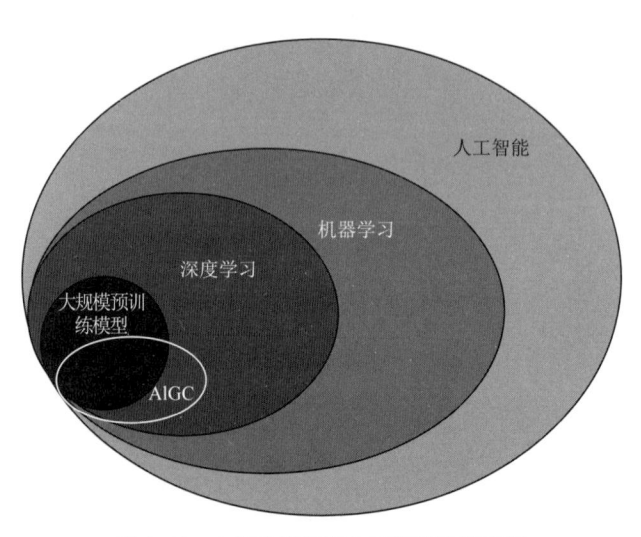

图 1-3　大语言模型在人工智能中的定位

在数据方面，与图片的人工标注相比，自然语言的标注工作要复杂得多，需要根据不同的工作场景设定不同的规则指南，确保所有人理解标注的一致性，因此一直没有一个像 ImageNet 那样高质量的数据集。解决这个问题的方法是无监督学习法，其逐渐发展成熟大大减少了标注数据量的需求。比如后来的 GPT 和 BERT 等自然语言模型，其实都是用海量的未经标注的书籍、新闻和文章等进行训练，模型通过阅读大量的文本来学习语言的规律和结构。

比如在一句话中，模型会根据前面的词语来猜测下一个可能出现的词，这个过程类似于填空。通过大量的无监督学习来调整深度神经网络海量的参数，这个过程就是无监督预训练。实际上，动辄包含几百亿参数的大模型的训练也只能依靠这样的方式，因为大模型需要的数据量太大，根本无法通过手动标注完成。所以说，模型的进步解决了数据缺乏的问题，而互联网在过去几十年的发展让大量的人类知识得以数据化，为大模型的出现做好了准备。

在算力方面，则需要感谢云计算、大规模数据中心、分布式算法和显卡等算力硬件和基础设施的飞跃式发展。大语言模型需要的算力已经不是单独的家用级显卡可以处理的了。英伟达推出了 Tesla 系列显卡，包括我们今天熟知的 V100 和 A100。2024 年，英伟达在一年一度的 GTC 大会上发布了全新一代 Blackwell 架构人工智能 GPU 芯片 B200。这些显卡的设计都是为了满足云计算中心巨大的算力需求。以大语言模型 GPT-3 为例，它的预训练就是采用分布式训练方式，通过微软提供的算力，在多个 V100 显卡上完成的。所以一个业内说法是，大模型天生是长在云上的。

最后也最重要的，是算法的进步。在 2010 年左右，主流的算法模型是卷积神经网络（convolutional neural networks，简称 CNN）和循环神经网络（recurrent neural network，简称 RNN）这两种深度神经网络。CNN 就像一台专门处理图像的"特征提取器"。它有一系列的"滤镜"，每个滤镜可以检测图像中的不同特征，比如直线、边缘、纹理等。这些滤镜在图像上滑动，从图像中提取出特定的特征，并将这些特征组合起来，帮助我们识别图像中的不同物体或模式。上文提到的 AlexNet 就是基于 CNN 设计的。

RNN 就像一个可以记住过去信息的"故事讲述者"。它能够处理序列信息，比如句子中的单词或时间序列数据。RNN 内部有一种记忆机制，它可以根据之前的信息预测下一个单词或处理下一个时间点的数据。这种记忆能力让它能够更好地理解语言的连贯性或是时间上的依赖关系。

总的来说，CNN 擅长从图像中提取特征，而 RNN 则适用于处理序列信息，能够在自然语言处理中捕捉信息之间的关系。后来 CNN 也被用来提取语言中的各种特征，因此也用于自然语言处理的不同任务中。但这两种神经网络都有各自的缺陷，CNN 主要用于捕获局部特征，难以处理较长的文本序列。RNN 存在梯度消失和梯度爆炸的问题，尤其是在处理长序列时。

正因为算法上的不足，各大研究团队都在暗中摩拳擦掌，试图在算法上进行创新，在自然语言处理领域实现突破。

算法大战催生大模型

首先取得突破的是鼎鼎大名的谷歌大脑团队，他们在 2017 年发表了一篇对深度学习产生深远影响的论文，题为"Attention Is All You Need"（《注意力是你所需要的一切》），并发表了以论文为理论基础的

Transformer 架构。

Transformer 最大的创新是一种叫作多头注意力的自注意力机制。相对于传统的 RNN，Transformer 在自然语言处理中有一些明显的优势。首先是 Transformer 可以利用多头注意力机制，使每个词同时与其他所有词建立关系，这大幅提升了模型能理解上下文的长度；其次是位置编码让 Transformer 里的每个 token（词元，语言类模型的最小数据单位）可以进行并行计算，而不是像 RNN 一样必须按照语序进行依次计算，这大幅提升了模型的训练效率，让超大规模参数的语言模型的预训练变得可能。由于这些优势，Transformer 一出现就建立了自然语言处理方面机器学习的新范式，此后成功的模型都是基于 Transformer 开发的。

谷歌种下了一颗神奇的种子，但是没想到第一个收获的却是 OpenAI。在伊利亚的带领下，OpenAI 在 2018 年发布了基于 Transformer 的拥有 1.17 亿个参数的语言模型 GPT-1。GPT-1 采用了单向的自注意力机制，即模型只能看到前面的词，而后面的词在训练和生成中是被掩盖起来的。后来证明，用这种方式训练的模型生成的语言更加连贯和自然。

谷歌团队自然不能让 OpenAI 抢走自家的胜利果实（见图 1-4），GPT-1 发布仅仅 4 个月后，他们就发布了基于 Transformer 架构的 BERT 模型，其参数增加到了 3.4 亿个，数倍于 GPT-1。BERT 模型打破了多项自然语言处理的最好成绩，在能力表现上力压 GPT-1 一头。

2019 年，OpenAI 再接再厉，发布了 GPT-2，参数达到了 15 亿个。但 GPT-2 不仅仅在模型规模上更大，它着重想改进的是模型的泛用性。无论是 GPT-1 还是 BERT，在进行自然语言处理的不同下游任务时都需要单独的数据集来监督学习以进行微调，而 GPT-2 有了可以处理多种不

```
OpenAI
         GPT-1        GPT-2        GPT-3       ChatGPT
         2018年6月    2019年2月    2020年5月   2022年11月
           ↑            ↑            ↑            ↑
───────────┼────────────┼────────────┼────────────┼──────────→
           ↓            ↓            ↓            ↓
谷歌
       Transformer    BERT         LamDA        Bard
       2017年6月     2018年10月    2021年5月    2023年3月
```

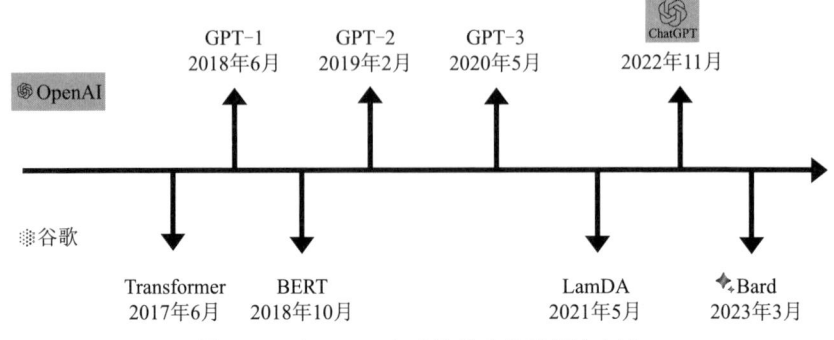

图 1-4　OpenAI 与谷歌的大模型算法大战

同任务却不用对模型进行微调的能力。

可以看到，从 GPT-1 到 BERT，再到 GPT-2，随着参数的增多和模型的变大，模型的能力的确在不断地提升，此外，模型的泛用性也在逐渐增加，需要监督学习的比例在不断下降。但问题是，GPT-2 的参数比 BERT 多了数倍，其表现却只是略胜一筹，并没有出现相应比例的能力提升。这时摆在研究人员面前的问题是：模型的规模是否越大越好？模型规模带来的能力提升是否也有一定的增长极限？

这时资本再次展现了其力量。面对谷歌的紧追不舍，OpenAI 必须设计出更大参数量的模型，而这需要的算力和人员成本都要大量的资金作为支撑。而此时，因为理念不同，OpenAI 刚刚和马斯克分道扬镳，马斯克直接停止了对公司的资助。眼看大模型正要取得突破性进展，OpenAI 却面临"弹尽粮绝"的风险。

在这关键时刻，在创投界驰骋多年的萨姆·奥尔特曼展示出其卓越的商业才华，他首先为身为非营利组织的 OpenAI 设计了一个限制性的营利机构，并由此吸引到了几位重要的商业投资人。其中最重要的一位就是微软的 CEO 纳德拉。此前，纳德拉在云计算领域带领微软打了一个漂亮的翻身仗，但在市场份额上始终被老对手亚马逊压制。在方兴未艾的人工智能领域，微软则一直没有形成自己的阵地，位于第二梯队。对于志在进行技术转型的纳德拉来说，OpenAI 是一个充满吸引力的标的。而后来的事实也证明，纳德拉是一位对技术潮流走向预判极为精准的决策者。

2019 年 7 月，微软宣布注资 10 亿美元，成为 OpenAI 旗下营利机构的有限合作伙伴。正是这笔注资，让公司有了充足的弹药，OpenAI 决定"搞个大的"。

2020 年 5 月，GPT-3 问世，其参数量达到了惊人的 1750 亿，也就是说模型规模暴增了 100 多倍，其预训练用的自然语言资料达到了 45T，几乎囊括了整个互联网的知识，并且由几千个英伟达 V100 显卡形成的云计算矩阵提供算力。GPT-3 向世人证明了，在大模型、大算力、大数据的支持下，大力真的可以出奇迹。GPT-3 不但在理解语言和生成更连贯的文本方面具有更强大的能力，而且拥有了零样本学习能力，即在未经过特定任务训练的情况下执行多种不同类型的自然语言应用任务。

GPT-3 的横空出世震动了整个 AI 研究领域，这当然也包括中国，多家企业和研究机构开始行动。一直关注自然语言处理的达摩院在 2021 年发布了全球最大规模的中文文本预训练语言模型 PLUG，参数达到了 270 亿个。此外，达摩院还在同年 6 月发布了 M6 多模态模型，参数量达到了万亿级。除了规模巨大，M6 模型还有两项与众不同的创新。第一，M6 将能耗降低超八成，效率提升近 11 倍。第二，凭借阿里巴巴丰富的商业场景，M6 是国内首个实现商业化落地的多模态大模型，例如作为 AI 助理设计师上岗阿里巴巴新制造平台犀牛智造。

2019 年智谱 AI 成立之初，张鹏和团队的研究方向之一是以知识图谱为基础的 AMiner 科技情报平台。简单解释，这个平台可以基于对科研人员、科技文献、学术活动三大类数据的分析挖掘提供科研信息服务，其中一个就是分析技术的成熟度曲线，帮助研究者判断技术研究的走向，从而制定研究投入的决策。比如从图1-5对大模型技术成熟度的预测，可以看到目前我们正处于大语言模型的示范期。

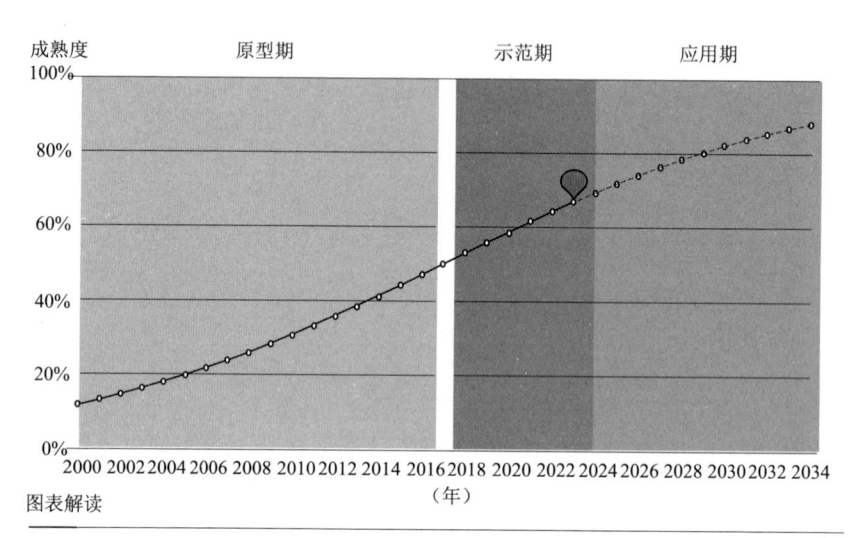

图表解读

从上述数据可以得出以下结论：

（1）技术领域成熟度逐年上升。从2000年的12.01%增长到2034年的87.88%，预计在未来几年内将继续增长。

（2）论文数量也呈逐年增长趋势。2000年为310 701篇，到2021年增长到1 448 275篇，之后在2022年略有下降，为1 327 169篇。这表明该技术领域的研究热度不断上升，对于相关技术的探讨和应用也在不断扩大。

（3）近几年来，技术成熟度的增长速度有所加快。2000年至2010年的年均增长率为1.96%，而2010年至2021年的年均增长率则为3.68%，增长速度明显加快。这表明该技术领域的发展势头强劲，未来有望取得更多突破。

（4）预计到2034年，技术成熟度将达到87.88%，论文数量也将继续增长。这表明该技术领域在未来仍有很大的发展空间，有望在全球范围内产生更广泛的影响。

综上所述，该技术领域成熟度在过去几十年中取得了显著的进步，研究热度不断上升，发展势头强劲。在未来，有望在全球范围内取得更多突破和应用，为人类社会带来更多便利和创新。

图1-5　在大模型的帮助下，AMiner不仅能判断大模型技术的成熟度曲线，还能对曲线的预测进行解读

近水楼台先得月，长期关注技术发展趋势的智谱AI团队很早就看到了大语言模型的潜力，此后他们也决定转型，全力投入这个领域。公司于2020年底开始研发GLM预训练架构，并训练了百亿参数模型GLM-

10B，2021 年利用 MoE (混合专家) 架构成功训练出万亿参数稀疏模型，于 2022 年合作研发了双语千亿参数超大规模预训练模型 GLM-130B。2024 年 1 月，智谱 AI 推出新一代基座大模型 GLM-4，整体性能相比上一代大幅提升，逼近 GPT-4。这些先发优势让智谱 AI 成为中国最受瞩目的大模型创业公司之一。

视线回到美国硅谷，2021—2022 年，人工智能领域一个备受关注的话题是，那个一鸣惊人的 OpenAI 怎么沉寂了一年多？他们会准备怎样的反击？

答案是 2022 年底 ChatGPT 的发布。如果说 GPT-3 震动了人工智能研究领域，那么 ChatGPT 的出现真正震撼了整个世界。抛开所有标准、竞赛和跑分不谈，即便是普通人也能感受到 ChatGPT 生成内容的自然顺畅，几乎与人类无异。ChatGPT 的惊艳表现迅速提高了社会大众对人工智能商业前景的预期。其推出仅 5 天，注册用户数就超过了 100 万，两个月后月活用户数突破 1 亿，成为有史以来用户增长最快的商业应用。微软的联合创始人比尔·盖茨在自己的博客中写道："我一生见证过两次最伟大的技术演示。一次是在 1980 年我看到了图形交互界面，它后来塑造了微软和 PC（个人计算机）时代；另一次就是在去年（2022 年），ChatGPT 的出现宣告了人工智能的时代已经到来。"

大模型的智能涌现

GPT-3 为何会实现如此大的能力飞跃？我们特别邀请浙江大学人工智能研究所所长吴飞教授为我们梳理了人工智能发展的脉络和核心技术方法，关于这个问题，他认为，大语言模型之所以拥有强大的能力，是因为它展现出一种智能涌现的能力，即 GPT-3 所呈现的能力不存在于小模型中。在模型参数较小的情况下，模型基本不具备处理任务的能力，其性能与随机选择的效果一样，但当参数规模超过百亿时，模型所表现的能力突然提升。这种现象是机器学习，乃至人工智能领域前所未见的现象。这种涌现能力具有重要的科学意义，它意味着我们有可能掌握了迈向通用人工智能的秘诀。

我们事后回顾谷歌与OpenAI的算法大战，发现了另一个有趣的问题：为何谷歌发明了Transformer这一具有跨时代意义的基础架构，却没能成为大语言模型的开创者？我们认为这还是与企业的愿景，或者说他们想解决的问题相关。谷歌的BERT和Transformer的设计初衷只是想解决自然语言处理的各种子任务问题，比如机器翻译。而OpenAI的几位创始人在成立公司时就是想开发出让所有人类受益的通用人工智能工具。OpenAI的首席科学家伊利亚回忆道："人工智能研究人员大多出自学术界，他们倾向于从小处思考。由于他们工作的性质，这种小范围思考容易获得认可和奖励（发文章）。但是这种方式让你很难看到人工智能大的发展方向，这也是我离开谷歌加入OpenAI的原因。"

自达特茅斯会议至今，通用人工智能60多年来基本上没有任何实质性的进展，甚至连稍微严肃一点的学术活动都没有。这不仅仅是困难太多的原因，同时还因为人类并没有什么通用人工智能方面的需求。科学界主流的观点也认为基于人类自身安全考虑，不应该往这方面做过多深入探索。因此，谷歌相对更务实的目标在当时也是合理的。

愿景决定高度，OpenAI的创始人团队的确看到了普通人没有看到的未来，也许这就是创业者与科学家的区别。OpenAI的成功再次证明了，只有在伟大的工程师手中，科学技术才能真正改变世界，瓦特如此，乔布斯如此，奥尔特曼和伊利亚亦如此。正如乔布斯曾经说过：只有疯狂到认为可以改变世界的人，才能真正改变世界。

当然，谷歌作为这场大模型竞赛的失意者，其对人工智能发展的贡献也不可磨灭，几十年如一日的大量投入，造就了 Transformer 这一跨时代的架构，其对 GPT 的苦苦追赶犹如 20 世纪 60 年代美苏之间的登月竞赛，最终逼出了世界上首个千亿参数大语言模型。

那么，大语言模型是我们通往通用人工智能的正确道路吗？至少目前专家们对此还没有达成共识。尽管大模型展现了惊人的能力，但它也有一些明显的限制。首先是不可解释性，大模型生成内容是依靠对上千亿个神经元连接参数的计算，因此难以解释其决策过程和生成结果的具体原因。这种不可解释性导致的黑盒决策模式会造成很多应用上的问题，比如在一些敏感领域，模型的不可解释性可能与监管要求相冲突。人工智能和大数据专家窦德景博士认为，与传统的深度学习模型相比，其实大语言模型的可解释性已经有所提升了。原因是我们可以用提示工程对其进行模型事后解释，从而探索大模型行为的边界。这样可以从完全不可见的黑盒模式，向介于白盒和黑盒之间的状态转变，这种模式又被称为"玻璃盒子"。

其次，人工智能的伦理和安全也是一个必须得到重视的问题，由于我们无法探知其决策的原理，也不可能完全排除其产生安全风险的可能性。很多专家已经建议各国政府行动起来，建立类似于国际原子能机构的跨国组织，用来监管人工智能这一潜在能量巨大的新兴技术。而 OpenAI 的首席科学家伊利亚则建立了一支超级对齐团队，确保人工智能的行为能对齐人类的价值观，从算法层面保护人类的根本利益。阿里巴巴则尝试从训练数据的角度出发解决问题。天猫精灵和通义大模型团队联合提出了 100PoisonMpts（又称"给 AI 的 100 瓶毒药"）项目，该项目提供了业内首个大语言模型治理开源中文数据集，由十多位知名专家学者成为首批"给 AI 的 100 瓶毒药"的标注工程师。标注人各提出100个诱导偏见、歧视回答的刁钻问题，并对大模型的回答进行标注，完成与AI从"投毒"到"解毒"的攻防。首批领域数据围绕AI反歧视、同理心、商榷式表达等目标，已覆盖法理学、心理学、儿童教育、无障碍、冷知识、亲密关系、环境公平等维度。第一批发起专家包括环境社会学专家范叶超、著名社会学家李银河、心理学家李松蔚、人权法专家刘小楠等。目前，首批数据集已经全部在阿里云魔搭（ModelScope）社区上开源供社会使用。

最后是计算效率问题，训练大模型需要的计算量极大，能耗也惊人。例如，训练GPT-3耗用了1.287吉瓦时电量，大约相当于120个美国家庭一年的用电量。而AI应用所需要的算力可能更大，阿里云计算平台事业部负责人汪军华表示："好的模型和应用出来后，上亿的用户每天都去用，应用和推理的成本会比训练高一到两个数量级，这对云计算平台提出了更高的要求。"在全球面临气候变化的影响越来越大的今天，如何提升大模型的训练效率以及云计算的效率是各大AI企业和云计算设施提供企业必须面对的问题。

长期关注科技趋势发展的智谱AI的CEO张鹏认为："回看科技史，技术发展的不同流派都是相互交替和借鉴的。大模型帮助我们向通用人工智能迈了一个重要的台阶，虽然我们还没有看到预训练大模型的增长极限，但也许当它发展到一定极限，我们又需要回过头来借助符号主义的新发展解决大模型的缺陷，比如可解释性和鲁棒性[①]的问题。"也许"古老"的符号主义如同神经网络一样，将在未来时机成熟的时刻归来，带领我们进入通用人工智能的新时代。

有一点可以肯定，人工智能的大模型新章节才刚刚开始，还远未达

---

① 鲁棒性也称健壮性、稳健性或强健性，是系统在异常和危险情况下保持其功能与性能的能力。——编者注

到高潮。在 ChatGPT 席卷世界之后，大模型终于让人工智能回到了世界中心，下一步将凭借强大的智能涌现能力改造商业世界的方方面面。阿里云首席技术官周靖人认为："大模型的'大规模'和'预训练'属性决定了它易于泛化的能力，将作为上层应用技术基础有效支撑众多 AI 应用落地，解决传统 AI 应用中壁垒多、部署难的问题，从而有效降低 AI 技术应用到千行百业的门槛。"在资本的支持下，国内外的创业企业和平台公司正在不断开拓大模型的应用边界，利用现有的文本、音频、图像等数据，通过各种机器学习算法学习其中的要素，从而创造出全新的数字视频、图像、文本、音频、代码等内容。利用人工智能自动生成内容的生产方式被称为 AIGC，大模型正在带领我们进入一个全新的生成式 AI 时代，一个全新的生成式 AI 竞争格局和商业生态也正在逐步浮现（见表 1-2）。

表 1-2　AIGC 应用全景

分类	具体分支	应用领域
文本生成	文本理解	话题解析、文本情感分析
	结构化写作	新闻撰写
	非结构化写作	营销文案、剧情续写
	交互性文本	客服、游戏
音频生成	语音克隆	地图导航
	语音机器人	客服、销售、培训
	音乐生成	播客、电影、游戏
图像生成	图像编辑与融合	设计、电影
	2D 图像生成 3D 图像	游戏、教育、产品测试

续表

分类	具体分支	应用领域
视频生成	画质增强修复	视频插帧、视频细节增强、老旧影像的修复与上色、医学影像成像效果增强
	切换视频风格	电影风格转换
	动态面部编辑	人工智能换脸
	视频内容创作	制作电影预告片、赛事精彩回顾
代码生成	代码补全、自动注释	辅助编程
	代码编写	应用开发
跨模态生成	文本生成图像	传媒、娱乐
	文本生成视频	电影、短视频创作
	图像/视频生成文本	搜索引擎、问答系统
	文本生成代码	人工智能代码助手

在基础大模型领域，OpenAI 并非高枕无忧，谷歌在其后推出了自己的大模型对话应用 Bard，Meta 则选择了一条截然不同的开源之路，Llama 2 俨然正在成为开源大模型的领军者。在大洋彼岸的中国市场，"百模大战"正在轰轰烈烈地上演，大模型的竞争格局未来是百花齐放还是强者愈强，现在还未可知。与 Meta 和 OpenAI 分别走开源和商业闭源的单一路径不同，阿里云选择了开闭源双路线并进。2023 年 12 月，于国人而言是个激动人心的时刻，通义千问开源 720 亿参数通用模型 Qwen-72B 登上全球最大开源大模型社区 Hugging Face 榜首，这是国产开源大模型首次赶超 Llama 2。Llama 2 开源可商用 5 个月后，国产开源大模型终于有一个追上了它，大模型开源领域不再是 Llama 2 独领风骚，国产大模型也由此进入新时代。同时，在 Github、Hugging Face、魔搭等开源社区上，最热门的话题已经从 iOS、安卓变为大模型

搭建各种应用。独立开发者总是领先大众一步，他们已经进入 AI 时代；众多创业者终于迎来了一片全新的蓝海，他们的目标是抢占大模型服务的周边服务市场，向量数据库、提示工程、企业大模型落地成为最热门的领域。而作为大模型的基础设施，算力硬件和云计算厂商正在为争霸即将到来的智算时代厉兵秣马。一幅生机勃勃的 AI 生态画卷正在展开。

第一章

AIGC 创新企业:
从大模型研发到爆款应用

第一节
AIGC 热潮下,"百模大战"是好是坏?

2022年8月24日,美国西雅图华盛顿湖畔,OpenAI的两位创始人萨姆·奥尔特曼和格雷格·布罗克曼(Greg Brockman),以及年轻的研究员切尔西·沃斯(Chelsea Voss),心怀忐忑地敲开了比尔·盖茨造价1亿多美元豪宅的大门。

虽然早已退出微软的董事会,但作为创始人的比尔·盖茨与公司高管依然保持着密切联系,他对人工智能的看法,也会在一定程度上影响微软的投资决策。5个月之前,盖茨在自家豪宅里举行的一次晚餐中对奥尔特曼和布罗克曼说,他对OpenAI研发的大语言模型的有效性表示怀疑,这让两位创始人的内心受到了一些打击。

时隔5个月,三位年轻人准备向盖茨展示他们研发的最新技术时,盖茨把微软的几位高管也叫来了。他们在宽敞的客厅里坐着,而在一个巨大的数字显示屏上,研究员沃斯向在场人员展示了一项名为GPT-4的技术。

GPT-4现场演示了它参加一项高级生物学多项选择测试的结果,总共有60个问题,GPT-4竟然只错了一个。据《纽约时报》的报道,这让盖茨极为震惊。他的反应并非过度,仅仅3个月之后,OpenAI上线了让整个世界都为之震撼的实时对话和交互应用——ChatGPT。

ChatGPT的诞生注定会在人工智能漫长的发展史中作为里程碑式的

事件而被反复提及。它不仅让人工智能成功跨越了拐点，揭示了人工智能的巨大潜力和广阔市场，同时也吹响了全球科技企业开展大模型"军备竞赛"的号角，预示着一个崭新的人工智能时代的到来。

如火如荼的"百模大战"

2023年，在中国人工智能领域中，"百模大战"绝对是一个绕不开的话题。对于大模型平时关注不多的读者可能会认为，是ChatGPT在全球的爆火，才让中国科技企业迅速加入这场战局。

这只说对了一半。一些初创人工智能企业的确是眼见ChatGPT引发的狂潮到来，迅速融资后开始投入大模型的研发。但国内一些互联网大厂在人工智能领域深耕已久，早就进行了多年的细致布局与准备。

阿里云从2009年开始自研大数据计算服务ODPS（Open Data Processing Service），因此在大规模数据处理和大规模算力应用上，建设了领先的技术能力，由此推动了人工智能平台PAI在2014年的诞生。

在大模型的研发上，阿里云从2018年就开始跟进，当时还是以预训练模型为主。进入2022年，阿里云认识到生成式AI可能是未来的主流，便从当年3月正式开始布局整个"以生成式任务为核心"的研究线。

半年之后，2022年9月2日，阿里云首次发布通义大模型系列，包括通义M6、通义AliceMind等多种通用模型。两个月后，阿里云在2022年云栖大会上率先在业界提出"模型即服务"理念，即MaaS（model as a service），打响了降低AI开发门槛的"第一枪"。

2023年4月，通义千问大模型在阿里云峰会上揭晓。阿里云首席技术官周靖人介绍，通义千问能够实现多轮对话、文案创作、逻辑推理、多模态理解、多语言支持等服务，并通过 API（应用程序接口）插件实现 AI 能力的泛化。

此后，通义千问大模型不断优化。10 月 31 日，阿里云正式发布通义千问 2.0 版本，参数量已经达到千亿级。在 MMLU、AGIEval、C-Eval 等 10 个主流基准测试集上，通义千问 2.0 的综合性能超过 GPT-3.5，加速追赶 GPT-4。

2017 年 7 月，百度开启"All in AI"（全部押注人工智能）战略后，其在人工智能领域的研发力度也明显加大。2023 年 3 月 16 日，百度官宣新一代大语言模型文心一言启动邀请测试。虽然文心一言最初由于反应慢和答非所问等问题受到用户的诟病，但在 2023 年 10 月发布 4.0 版本之后，随着其基础模型的全面升级，它在理解、生成、逻辑和记忆能力上都有了显著提升。

2023 年 9 月 7 日，在一年一度的全球数字生态大会上，腾讯的混元大模型正式对外亮相。该产品由腾讯全链路自研，拥有超千亿参数规模，预训练语料超 2 万亿 token。腾讯混元大模型包括计算机视觉、自然语言处理、多模态内容理解、文案生成、文生视频等多个方向。

大模型吸引了千行百业的翘楚进入，除了上述三家大厂，华为、京东、字节跳动、美团、科大讯飞等科技互联网大厂也都加紧入局。此外，移动、联通、电信三大运营商，清华、复旦、哈工大等高校和科研院所，还有达观数据、百川智能、第四范式、出门问问等人工智能创新公司，都在 2023 年发布了各自的大模型。

2023 年 1—7 月就有共计 64 个大模型发布，国内大模型呈爆发式增长态势。根据赛迪顾问发布的《2023 大模型现状调查报告》，截至 2023 年 7 月底，中国累计已有 130 个大模型问世，"百模大战"局面已然呈现。

到 10 月，国内公开的大模型数量累计达到 238 个，大模型的竞争开始进入"大力出奇迹"的阶段。

中国企业争先在市场卡位

国内"百模大战"如火如荼之时，其他国家的科技公司难道只是隔岸观火吗？当然不是。如果我们将视野放至全球，就会发现各国对大模型应用与开发的重视程度高度一致，但从取得的成绩来看，可以说中美两国是毋庸置疑的大模型技术引领者。

钛媒体国际智库发布的《2023 AI 大模型应用中美比较研究》报告认为，美国的优势是以谷歌为代表的科技巨头长期投身于人工智能基础理论的研究，使得美国引领着人工智能的发展潮流，依托浓厚的工程师文化，美国在基础大模型上保持领先优势。

在一级市场上，以英伟达、微软、赛富时等为代表的科技巨头成为美国人工智能领域最重要的"独角兽猎手"，它们的大手笔投入为美国人工智能的发展积蓄了力量。

根据 2023 年 11 月 29 日发布的《北京市人工智能行业大模型创新应用白皮书（2023 年）》，美国和中国发布的通用大模型总数占全球发布量的 80%。但除了中美两国，如欧盟成员国、英国、加拿大、新加坡等其他国家和地区，仍处于大模型前期尝试阶段，只有个别头部企业开始应用。

与大多数对大模型尚处于观望阶段的国外科技企业相比，为什么中国企业加入大模型竞赛的热情如此高涨，推进的速度又如此之快？答案很简单——要在市场上率先"卡位"。大模型研发企业都有一个愿景：自己的大模型发布得越快，企业便越能抢先获得更多用户数据，从而再投喂给自己更好的大模型，以此实现"数据飞轮效应"。

英伟达创始人兼CEO黄仁勋说过一句话，"我们正处在AI的'iPhone时刻'"，预示着一个难以估量的AI巨大市场正摆在所有科技企业的面前。根据国际数据公司（IDC）预测，全球AI计算市场规模将从2022年的195.0亿美元增长到2026年的346.6亿美元。其中，生成式AI计算市场规模将从2022年的8.2亿美元增长到2026年的109.9亿美元。

大模型对于人工智能发展的基础性作用已经成为公认的事实，任何怀揣远大理想且具有研发能力的科技企业，都想将大模型研发的主动权握在自己手里。但与之相对应的一种说法也很快出现：大模型本身并不会直接产生价值，基于基础大模型开发出来的应用才是模型存在的意义。

这种说法也不无道理。无论怎么"卷"大模型的研发，最终还是要回归到商业的本质上来，公司不能一味烧钱，必须向盈利的目标迈进。2023年，基于国内130个大模型而推出的应用产品中，只有阿里巴巴大文娱团队推出的妙鸭相机成功破圈，成为一款公认的现象级AIGC产品。至于类似ChatGPT、Midjourney这样具有世界性影响力的应用，相信也是中国AI业界的共同目标。

为了规范和营造更利于大模型发展的环境，在2023年8月15日《生成式人工智能服务管理办法》开始实施前，国家相关政策要求未向国家网信部门申报安全评估，并做算法备案的生成式AI产品不得向大众开放。从8月31日开始，百度文心一言、阿里云通义千问、百川智能、商汤商量（SenseChat）、腾讯混元大模型等产品通过备案后，已经陆续向公众开放。

"百模大战"瞬时进入激烈的"肉搏战"，各家企业的大模型中，究竟谁的使用体验好，谁的商业落地能力强，已经到了"是骡子是马，拉出来遛遛"的阶段。

在"百模大战"进入下半场时，我们都知道，大模型的三大关键因素是算力、算法和数据，但其实对于大模型来说，需要更为关注的就是场景应用。

在2023年阿里云峰会上，时任阿里巴巴集团董事会主席兼CEO、阿里云智能集团CEO张勇，提出了另一种将大模型介入应用的视角：面向AI时代，所有产品都值得用大模型重新升级。阿里巴巴也带头示范，钉钉、天猫精灵等产品已经接入了通义千问进行测试，成为国内第一批"尝鲜"大模型的产品或应用。

这充分体现出互联网大厂们的优势，它们本身的业务场景足够丰富和多样，哪怕没有外部客户，大模型产品在自己的业务上也有足够多的场景进行验证和优化。

2023年9月，新任阿里巴巴CEO、阿里云智能集团CEO吴泳铭更是通过一封全员信，展现了阿里巴巴全面拥抱AI的决心："阿里确立两大战略重心：用户为先、AI驱动下一个十年。……我们各业务有大量用户场景，我们必须让这些场景都变成AI技术最佳的应用场景，通过技术创新带来突破性用户体验和商业模式。"

在AI时代，计算模式正面临变迁，所以对于云计算厂商来说，AI也带来了算力需求的爆发性增长。基于AI，新的软件架构、软件方法和计算架构，在未来很长一段时间内都会处于颠覆和重新洗牌的过程。未来云计算支持的所有行业的应用构建，以及背后的算力存储调度，大概率都会由各个垂直行业的AI模型作为底层系统来驱动。

下一个十年，最大的变量毫无疑问是AI带来的全行业深刻变革。

大厂进入比拼"大模型生态系统"阶段

我们理解互联网大厂大力推动大模型发展的逻辑，其实还有一个维度：大厂普遍连接着产业，有庞大的下游应用市场，研发出大模型产品后能迅速应用到产业中。

因此，在"百模大战"的下半场，在人工智能领域纵横多年的互联网大厂们已经开始构建大模型生态系统：在 C 端（消费者端），大厂面向创作者和开发者提供服务；在 B 端（企业端），则以提供解决方案为主，尤其偏重金融、文旅、传媒、医疗、政务等行业，同时也为其余大模型研发企业提供算力、数据管理等基础设施服务。

以阿里云为例，它的大模型生态提供了四个方向的产品与服务：第一层即最底层，是依托阿里云全球基础设施搭建的 PAI-灵骏智能算力平台，以及数据管理服务系统；第二层是通义千问和通义万相两个基础模型，以及在它们基础之上开发的八个行业模型和应用；第三层是阿里云百炼一站式大模型服务平台（下文简称百炼）；第四层是人工智能开放社区魔搭。

阿里云首席技术官周靖人做过一个总结："服务好 AI 大模型时代的创业者、开发者及企业客户等，阿里云正在努力成为 AI 大模型时代的基础设施。"

而更多中小企业意识到与大厂存在从资源、人才到资金的系统性差距，开始从细分市场寻找生机。比如商汤科技、出门问问、第四范式等企业，开始专注于将大模型能力迁移到其既往的优势业务领域中。

如今，"百模大战"已经进入比拼生态系统建设的深水区，可以说激战正酣。这也在客观上让中国人工智能领域呈现一片繁荣之势，但业内的共识是，开发出大模型只是万里长征第一步，让大模型实现商业化落地，真正让大模型融于我们的日常生活中，才是研发大模型的应有之义。

1994年，《连线》杂志创始主编凯文·凯利在他的《失控》一书中，对人工智能技术有着极为精准的预测：

"我们几乎不会注意到水果上的标签、电影字幕等无处不在的文字。马达刚开始出现的时候就像一只巨大高傲的野兽，但自那以后，它们逐渐缩小成为微事物，融入（并被遗忘于）大多数机械装置之中。

"最深刻的技术是那些看不见的技术，它们将自己编织进日常生活的细枝末节之中，直到成为生活的一部分。"

现在，人工智能技术正朝着"成为我们生活的一部分"的方向汹涌奔去。而在人工智能的浪潮之下，中国几乎每个细分领域都有大量创业者在思索如何做出生成式AI创新型应用。我们会在本章后续的小节中介绍这些创新企业的探索案例。

第二节
赋能创作者，工具型平台应用大爆发

如果你有一张 30 年前的老照片，由于年代久远，人像已经变得模糊，并且掉色严重，你会怎么办？

在过去，你大概会用修图软件，花几十分钟甚至个把小时从头到尾一一修改图片里的各种细节，才能得到一张令你满意的照片。但进入 AI 时代，修图已经变得很简单，只要你将照片上传到一个叫图可丽的专业图片处理平台，它就能按照你的想法一键为老照片上色，让模糊的景物变得清晰，重拾照片里难忘的记忆。

图可丽的原名叫皮卡智能，是由李白人工智能实验室利用人工智能和计算机视觉的力量打造的视觉 AI 平台，一款批量进行图片和视频编辑处理及设计的产品。当生成式 AI 蓬勃发展，一些如李白人工智能实验室的创新型公司创立了专门为创作者服务的平台型 AI 应用。

这些工具型应用平台让 AIGC 变得易用、好用，更重要的是，让 AI 对所有人来说都变得触手可及。

李白人工智能实验室：电商从业者的"抠图神器"

对于电商从业者来说，图可丽更是一个不可或缺的"修图神器"。假如你有几十张商品图片，需要统一将照片的背景调色，并加上你自己店铺的名字,这时候,图可丽就显示出它的"超强战力"了。

打开图可丽官网,点击相关选项,进入之后就可以先设置你想处理的图片效果,包括背景颜色、图片尺寸、特殊效果等等。设置完成后,再将你想处理的照片一次性全部上传,哪怕上传几百张图都可以。

之后无须进行任何操作,图可丽已经开始帮你处理图片。几秒钟之后,所有图片都处理好了,而且自动保存到你的电脑里。整个过程行云流水,异常顺畅,大大节省了图片处理的时间,要知道,用常规的修图软件,修一张图片就需要几分钟甚至十几分钟。

图可丽为什么这么厉害?这当然与它背后的大模型相关。图可丽上线于2019年,海外还同步上线了cutout.pro项目,李白人工智能实验室的创始人唐勇向我们介绍,图可丽目前使用的模型基本上都为自主研发。

为了让创作者生成的图片丰富性更高,李白人工智能实验室自己搭建团队,以及与来自全球的数据达标团队合作,将尽可能多的授权数据拿来,并在图可丽上开放创作者授权端口,让他们自发为大模型训练提供数据。

在拥有强大数据库做支撑的训练下,图可丽和cutout.pro的图片处理效能大幅提升,它们可以实现无绿幕视频抠图,在为电商平台服务时,几分钟即可处理上万张商品抠图。

图可丽的抠图功能已经让它声名鹊起,圈内人士甚至给它起了个"抠图神器"的绰号。我们可以从以下几个实例中看到它的神奇之处。

比如一位穿着时尚的女子,她的背后是车辆、街道、高楼构成的杂乱景象,只需使用图可丽的"自动背景去除"功能,就可以完整将她抠出来,背景则依照个人喜好随意替换。又如,你在游乐园里拍照,旁边一位老爷爷不小心入镜,使用"魔术擦除"功能,就可以将他不露痕迹地抹掉。在视频中的人物,图可丽既可以根据需要去除他的背景,也可以将虚化的背景变得高清。

图可丽的受欢迎程度可以用数据来佐证,"我们产品的日均 API 调用量超过 1000 万次。"唐勇介绍说。

一家用 AI 进行艺术创作的公司

唐勇成立李白人工智能实验室的最根本动力,源自他创造一个用 AI 进行艺术创作的新方式的美好理想。他本科和硕士都毕业于清华大学,在美国宾夕法尼亚州立大学取得博士学位后,在美国知名企业担任技术学科专家、高级研发部经理等职务。

那时候,唐勇主要从事大系统优化工作,会经常使用人工智能的算法,也会书写物理模型。工作中他发现一个奇特的现象,无论是算法还是物理模型,都是用英语表达最基础的符号,缺乏最基本的意义,"但中文的书法艺术却是人类使用符号表达艺术的高峰,最好的艺术形式并没有运用到 AI 之中"。

为什么不能将 AI 与中文结合起来?他突然有了一个大胆的想法:"如果让表音表意表形的中文成为人工智能的一个基础符号,我们就是用更接近人类可理解的方式去创造艺术。这或许可以成为 AI 艺术创作的一个新方式。"

一位中国美术学院的老师也支持了他的想法,唐勇便下定决心成立李白人工智能实验室,并邀请那位美院老师加入团队,担任公司视觉产品负责人。唐勇最初希望公司朝着用 AI 赋能艺术创作的方向努力,在得到杭州王道创投基金的支持后,公司的发展方向变得更加明确:专注于计算机视觉、多模态以及大型人工智能模型的研发。

让神采 PromeAI 成为设计师的 AI 助手

2023 年 4 月，在生成式 AI 最火爆时，李白人工智能实验室开发出一款新产品——神采 PromeAI。

简单来说，这款产品就是设计师的 AI 助手。它拥有强大的人工智能驱动设计助手和广泛可控的 AIGC 模型风格库，设计者无需太多经验，也不需要设置复杂的关键词及参数，一键就能生成建筑、室内、产品、游戏 / 动漫等的效果图、线稿、电商产品图等。

"神采 PromeAI 是可控生成式 AI 加艺术表达的融合。"唐勇说，"面对普通创作者，我们希望能够让他们拥有大师级的艺术表达能力；面对专业人士，则希望能够激发他们更多的天才般的想法。"

这很容易让人联想到另一家人工智能初创企业——供春 AI。供春 AI 是阿里云设计中心前设计师张雨航打造的 AIGC 创业项目，它将 AIGC 与工艺美术相结合，用户通过文字描述、图生图、草图生成效果图编辑器进行 AIGC 设计。

值得一提的是，供春 AI 的编辑器功能借鉴了紫砂壶的设计方法，对编辑器功能进行数字化后结合 AI 技术，实现"智能编辑 +AI 生成"。供春 AI 一经推出便大受欢迎，截至 2023 年 11 月已有 2000 多位工艺美术从业者使用，而通过供春 AI 生成并落地的工艺作品则超过了 100 件。

再说回李白人工智能实验室。创业之初，公司的算力主要依赖线下机房，但在给客户提供服务的过程中，经常出现周末机房突然断电等问题，或者因为某个技术故障，服务被迫中断。

唐勇觉得这样会极大影响用户体验，必须将算力部署到云上去，才能保障系统工作的稳定性。他们最先接洽的就是阿里云。从 2019 年开始，李白人工智能实验室与阿里云展开合作，此后双方合作逐年加深，阿里云提供了稳定的云计算平台，包括 AI 训练推理、市场推广营销、提供加速解决方案等一系列支持。

"反之,我们也为阿里云带来了一个比较好的市场落地场景案例。"唐勇说。

在这轮 AIGC 爆发的热潮中,李白人工智能实验室的发展越来越迅速,神采 PromeAI 自 2023 年上线以来,月活跃用户数已经超过 200 万。

"神采 PromeAI 目前发展的速度应该会比图可丽更快,因为它出现在生成式 AI 技术爆发的时间节点。另外,这个产品也积累了过去图可丽和 cutout.pro 平台上的丰富数据,包括一些工程化的经验,用户的使用体验会更好。"唐勇认为。

未来,李白人工智能实验室要在可控 AIGC 上发力,这既需要数据质量的不断提高,也需要算法上的改进。

"我们希望为全球十亿人打造一个艺术创作的新范式,为他们创造一份人工智能的基本收入,开创人机结合时代创造力的新篇章。"唐勇说。他还说,他们的使命就是,"人人都能拥有技术带来的便捷性和创造性"。

2013 年上映的科幻电影《她》(*Her*)中,有一个颇值得玩味的细节:在人工智能高度发达的时代,男主角即便跟机器人谈恋爱,也仍然坚持亲笔帮他人写信——这似乎不符合人工智能时代的特征。但它反映了以内容生产为核心能力的互联网人对人工智能的矛盾心理:一方面热切盼望它带来的改变,另一方面也深深恐惧于它可能抢了自己的饭碗。

AIGC 大爆发之后,内容创作者们的顾虑开始逐渐消退。他们发现,AI 作为辅助性工具在帮助他们提供灵感、产生创意、提高效率等方面已经越来越游刃有余,他们在日常工作中的不同层面都需要 AI 的协助,这也让工具型 AI 应用平台得以迅速出现。当内容创作者从相关应用平台提供的产品中获得更多想象力和创意,并节省了大量的时间时,一种 AI 与人类新的共处方式也就出现了。

第三节
做视频也能用 AI,下一个风口来了?

一年一度的"双 11"来了,如果你是商家,怎么才能让你的商品宣传视频足够吸睛,让每一个看到它的用户都忍不住期待或者马上买下它?

别急,你只要通过一个 AIGC 智能创作平台,就可以让 AI 帮你打工。它能一口气帮你做出 50 条宣传短视频,而且做得又快又好,还绝不会叫苦叫累。

这个平台就是新壹科技旗下的一帧秒创。

新壹科技:从视频网站到 AI 技术驱动型公司

通过一帧秒创做视频并不需要你有太多经验,一个新手小白也可以迅速上手。生成"双 11"视频的第一步,是让 AI 帮你写一篇品牌宣传文案,它可以一直不停地写,直到你满意为止。

文案写好了,下一步是点击下方"在线素材",AI 会自动匹配秒创库里超 1000 万的视频素材。或者你也可以选择"时尚""人物生活""建筑人文""IT 互联网""金融保险""美食餐饮"等行业素材包。

如果平台的库存里没有你满意的素材,那也没关系,你可以上传你自己品牌的专属素材,在视频制作时一一替换使用。点击"下一步",配音、字幕、视频素材,一气呵成。一条"双 11"的推广视频,这个软件最快几分钟就能帮你制作完成，让你的商品大卖。

这个让你零门槛创作视频的一帧秒创平台，其实是由一个深耕视频领域多年的团队打造的。

他们最早曾创立出 web 2.0 时代中国头部视频网站之一——酷六网。酷六网的原班人马后来成立了一下科技，这是一家在短视频领域取得过辉煌成就的公司，其推出的"秒拍视频"曾经达到过日播量 26.5 亿的高峰，另一款产品"小咖秀"也取得过日活 500 万的佳绩。

一下科技时期，公司就已经在视频生成过程中融入 AI 技术。到了 2021 年中，公司正式从视频内容平台向 AI 技术驱动型公司转型，并正式成立新壹科技。

新壹科技成立没多久，适值 OpenAI 发布的 ChatGPT 出圈，公司凭借对 AIGC 发展趋势的敏锐判断，迅速调集研发力量，结合自研 AI 模型和训练调优后的开源模型，开发了以视频生成为核心的多模态大模型——新壹视频大模型，可同时处理文本、音频、视频、图像等多种输入模态。

新壹视频大模型具备多模态感知、实时学习自迭代及多场景交叉推理的核心能力，基于深度学习海量视频样本，拥有从脚本生成、素材匹配、智能剪辑配音到数字人播报的 AI 全流程视频生产能力。

以此为标志，新壹科技正式成为一家真正意义上的人工智能公司。

让创作者"零门槛"生成视频

2023 年 10 月下旬，我们在北京东三环的一座写字楼里，拜访新壹科技总部并对公司高管进行了访谈。

公司对于这次访谈非常重视，董事长韩坤、CEO 雷涛都表示愿意谈谈他们对人工智能以及新壹科技发展的想法，但出差、会议和商务活动排满了两人的行程表，最后只能让公司技术副总裁陈鹏接待我们。

陈鹏对公司的产品如数家珍，尤其对各种技术细节非常熟稔。他着重提到的AIGC应用产品，便是新壹科技推出的一帧秒创平台，这是一个让创作者快速成片、零门槛制作视频的AIGC智能创作平台。

目前已有的用AIGC生成视频的模式无非两种，一种直接生成原创视频，另一种则是对已有素材做剪辑进而生成视频。

"我们是以后者起步，但是两种模式都在做。"陈鹏对我们介绍，"无论你是做原创视频，还是用素材剪辑视频，获取素材的难度其实都比较大，我们的目标是把门槛降到足够低。"

在用剪辑素材的形式生成视频方面，新壹科技的前身一下科技积累的数十亿量级的视频资源库是一个取之不尽的宝藏。他们以这些素材为基础做了一个模型，模型里精选了1000万素材，再做成一个200万量级的精选视频库。为了让素材准确匹配每一个用户的需求，研发人员又在每一个素材上做了80~100个客观或者主观标签，方便用户在生成视频时准确调用。

给素材打标签说来轻巧，但实现起来却很复杂。陈鹏举了一个例子，比如要生成一个街上人头攒动的视频，涉及的素材包括人群、车辆、马路等，而它们的身上都有各种标签，"时间是白天还是黑夜，年代是古代还是近代，这些我们称之为客观标签。客观标签就是通过我们的模型训练预测出来的"。

素材还有一些主观标签，但它们并不能通过大模型预测出来，公司不惜动用大量人力，手动为它们标注。"比如三个人骑着马在跟另一个人打，这个场景是三国里的'三英战吕布'，这就是主观标签。"陈鹏说。正是由于主观和客观标签区分得足够细致，当用户想生成一个视频时，素材才会匹配得足够精准。

其实，用AI生成视频这种模式，并非新壹科技独有，目前海外在线视频剪辑制作网站Runway，以及Adobe公司推出的Firefly等都有强大的视频生成能力。

特别是Runway生成的AI视频已经能在电影中"以假乱真"。在好莱坞电影《瞬息全宇宙》中，Runway就提供了AI技术支持，节约了大量拍摄成本，并降低了后期剪辑、特效的门槛。这部电影上映后大获好评，并让杨紫琼凭借此片拿下奥斯卡最佳女主角奖。

一些国内互联网大厂也在探索视频生成技术。百度的视觉技术研究团队在2023年9月发布论文，推出了一款视频生成模型产品VideoGen。研究显示，在定性和定量评估方面，VideoGen为文本到视频的生成树立了新的标杆。

几乎在同一时间，字节跳动在Github上一连发布两个AI视频项目，一个主打多模态动画生成，另一个则专注文本导向的视频编辑。

不过，上述大厂的视频生成路径与新壹科技不尽相同。新壹科技更侧重大模型应用层，而且一帧秒创平台对不会写视频脚本的普通用户更为包容，他们可以通过该平台轻松学会制作视频的全流程。

值得一提的是，一帧秒创不光能帮助创作者生成视频，还能实现AI文稿生成、文字转语音、文生图等。

24小时造出一个数字人

新壹科技的另一重磅产品是2023年初开发的数字人。它跟我们过去常见的AI感十足的3D数字人不同，这是一种基于大模型研发、跟真人形象十分接近的2D数字人。

这种2D数字人的主要卖点是制作简单，基于新壹视频大模型，以及一段5~8分钟的视频，能高精度还原真人外形、嘴形、表情、动作，24

小时内即可完成一个数字人的训练。

2D 数字人远比以往的 3D 数字人受欢迎，"3D 数字人最大的问题是成本过高，做一个数字人的成本从几万、十几万，甚至到上百万元不等，这让很多企业无法承受"。陈鹏介绍，2D 数字人的成本大大降低，"比如我们给保险公司打造的经纪人数字人，一个声音加上形象，总共只要七八千元，就可以永久使用了"。

新壹科技的数字人已经用于新闻播报和直播场景。2023 年杭州亚运会期间，网易传媒科技研究院与新壹科技联合打造的数字人在《热 AI 亚运》节目中，与观众分享了亚运会中有趣、鲜为人知的冷知识；而北京市密云区融媒体中心、《人民日报》、新浪财经等机构，也开始用形象逼真的新壹科技数字人播报新闻。

新壹科技还推出了一款明星数字人产品——秒祝。它能利用明星视频进行训练，迅速将明星形象和声音进行还原，特别适合明星为自己的粉丝制作生日祝福视频。

要确保众多 AIGC 产品的正常运行，底层必须提供充足的算力。新壹科技极富远见地从"秒拍视频""一直播"时代就开始通过自建机房积累算力资源，等到生成式 AI 时代到来，公司又通过购买云上算力，让算力资源的构成更为合理。

截至 2023 年 12 月，成立 2 年多来，新壹科技已经累计为超过 300 万个内容创作者提供过服务，每天产出超过 10 万分钟视频，依照按时长收费的逻辑，企业已经实现了一定规模的营收。

但陈鹏特别提到一点，由于国内的工具付费率不高，新壹科技在国内的商业化方式更看重一些 B 端场景："我们现在的重点是在保险领域深耕，另外推动数字人营销。营销视频无论是在国内还是在国外，需求量都很大。"

2023年新壹科技已经完成了A轮融资，新一轮融资计划暂未公布，但公司目前已经实现从大模型到平台服务再到产品服务落地的AIGC业务全链路打通。

在访谈的最后，陈鹏告诉我们，新壹科技的目标一直十分清晰，也从来没变过，那就是降低视频制作的门槛，让用户零成本制作视频。

毫无疑问，这是一条难而正确的道路。但公司一路走来，从视频网站发端，到尝试短视频，再到成为人工智能公司，从来都是"柳暗花明又一村"。

公司既经历过高峰也经历过低谷，当决定用"新壹"的名字重新做一家人工智能公司时，所有人的愿望也是"从0到1去新建"一份全新的事业。正如新壹科技董事长韩坤说的那样："之所以这样抉择，不是因为它容易，而是因为这样做最难。"

在本节写作过程中，文本生成视频的技术令人意想不到地突飞猛进。2024年2月16日，美国人工智能公司OpenAI发布了全新的生成式AI模型Sora，它能够通过文本指令创建最长达60秒的视频。令人叹为观止的是，在Sora已经生成的视频中，包含细节拉满的场景、复杂的摄像机运镜以及多个充满情感的角色。

尽管文本生成视频的模型屡见不鲜，但Sora的制作长度和准确性使其与众不同，影视行业可能会被颠覆，甚至整个视频行业也会重新洗牌。从这个意义上说，新壹科技无疑走在了一条虽然难但正确的道路上。

第四节
用 AI 突破企业发展瓶颈

一双运动鞋像赛车一样在城市街道上"行驶",快到路口时一个急刹车,鞋的前脚掌停下,后脚掌往外甩了出去。整个过程行云流水,让运动鞋的外观和细节都展露无遗。

这不是好莱坞科幻电影里的世界末日镜头,也不是现实生活中摄像师搭实景拍的广告片,而是一家名为FancyTech(时代涌现)的人工智能创新企业,利用生成式AI技术为知名运动品牌亚瑟士制作的一条AI视频。

FancyTech成立于2020年,目前公司的主营业务就是为品牌商家提供内容数字化与大数据内容智能生成服务,而其中最重要的业务就是制作AI视频。FancyTech的高速发展离不开这轮AIGC的爆发,甚至在公司走投无路之际,正是人工智能将它从破产的边缘拉了回来。

FancyTech:让AI赋能电商视频制作

在电商激烈竞争的时代,要想产品大卖,谁都知道单纯的商品图片早已不足以勾起用户的兴趣,一条全方位、无死角的产品展示视频,已经成为商品介绍的标配。

比如要介绍牛排,一张毫无新意的平面图,与一个滋滋冒着热气、正在煎炸的牛排视频,哪个更有诱惑力?答案其实不言自明,视频不仅表现更生动，也会让消费者更有购买的欲望。

但是，对于淘宝等电商平台上精打细算的商家来说，为自己的产品拍视频，一直是费钱又不得不做的事情。往常一条哪怕再普通的商品展示视频，广告公司给商家的报价也要 100 元左右，一年光景，成千上万条视频拍下来，也不是一个小数目。

在人工智能时代，情况完全不同了。依靠 FancyTech 研发出的垂直模型 FancyGPT，只要输入产品相应参数，就可自动生成创意视频脚本。一件羽绒服，一双跑鞋，一只手表，一个女包，能够在几分钟时间内从静态图片变成让人眼前一亮的动态视频。

商家如果在 FancyTech 预付年费，一年内的视频制作便不再限量，他们可以放心地交给 FancyTech 的运维人员全权负责。核算下来，用大模型生成一条视频的成本只需 5~10 元，每条视频制作成本相当于降低了至少 90%。

但其实，这样双赢的买卖，FancyTech 在找到之前也颇费了一番周折。

FancyTech 有明显的"阿里色彩"，公司的核心高管都来自阿里巴巴，创始人兼 CEO 李果曾是天猫奢品（Luxury Pavilion）初代负责人，首席技术官考文鹏在阿里巴巴担任过 10 年资深全栈工程师，其他重要成员则来自手淘、天猫、支付宝等，覆盖了运营与技术等各种岗位。

由于整个团队都对电商有长期且深刻的观察，公司在 2020 年初成立时，瞄准的自然就是内容电商赛道。当时"全民直播"时代已经到来，内容电商成为最大的风口之一，而电商开始做跨平台内容，淘宝、抖音、小红书等平台遍地开花。

李果带着十来个阿里系的老同事创立了 FancyTech，他们想要抓住这个机会，在给商家提供内容服务的市场上找到适合自己的商业模式。

最开始，他们设想的盈利模式很简单：不直接生产内容，只为商家的跨平台内容运营做聚合和搬运，安心扮演一个"商家服务者"的角色。但很快他们就发现，这种模式的天花板很低，而且能生产好内容的商家也不多，留给他们的市场空间并不大。

形势比人强，既然实际情况与预期不同，他们不得不改变策略，直接参与内容创作，而且瞄准的方向就是将 AI 技术作为生成工具。他们开发了一款叫 Content Hub 的产品，可以聚集小红书、抖音、微博等热门平台的内容，收集相关内容素材，随后由 AI 创造出全新的视频内容。

但彼时的 AI 远没有如今的 AI 能力强大，当时也不过是通过制作模板来生成视频。"里面会有一些 AI 算法，但其实就是做一些打标，然后将客户的内容填充到模板里，这样做出来的视频丰富度显然是受限的。"FancyTech 首席科学家常征解释说。

这些模板的最大问题是套用不同商品时，色彩搭配不合理，做出来的视频品质并不高，商家根本不愿意买单。

眼看着项目陷入困境，几个合伙人商量，实在不行，把项目砍掉算了。然而谁都未曾料到，事情突然有了转机，因为 AIGC 来了。

为商家节省视频制作成本高达 90%

2022 年底，美国年轻的人工智能公司 OpenAI 发布了让整个人工智能圈兴奋的 ChatGPT。这款软件让 AIGC 技术向前迈进了一大步，也救活了远在中国的 FancyTech。

在整个行业的带动下，FancyTech 利用 AI 制作视频的技术突飞猛进。他们研发出了垂直模型 FancyGPT，这个模型可以为商家自动生成创意视频脚本。

对于商家来说，他们只需按年付费给 FancyTech，再将电商店铺账号授权给对方运营，FancyGPT 就会自动生成商品表达视频，画外音、音乐、字幕等一应俱全，整个视频的质量呈现几何级提升。

"它的创作能力可以让我们完全摆脱以前用底层模板的生产方式，可以自己去生成一个创意，创作出来的视频丰富度大为提高。"2022 年加入 FancyTech 团队的常征兴奋地说。

常征告诉我们，商家对这种真正的 AI 视频认可度非常高，关键是它把视频生产成本降到了之前的约 1/10，2023 年以来 FancyTech 的营收数据节节攀升，"从年初到 10 月，单月的营收大概翻了 10 倍"。

FancyTech 的客户主要来自淘宝的商家，而淘宝目前在大力推进商品的视频化，这让商家有了制作视频源源不断的动力，也给了 FancyTech 巨大的发展机会。

利用 FancyTech 的自研大模型，还可以直接生成广告。传统拍广告的流程较为复杂，一般是广告公司对接客户，然后是创意总监出方案，之后会有拍摄团队、剪辑团队跟进，整个过程全靠人工，有时候一个月才能做一个视频。

"我们觉得整个生产链可以完全变成机器大规模生产的方式。这样会大大提高效率。"常征解释，"传统的广告可能需要花几千元甚至上万元才能做一条。我们现在可以做到只需要过去费用的 1/5。"

甘当 SHEIN 的学徒

FancyTech 的客户主要在 B 端，由于现在名声在外，每天都有来咨询谈合作的新品牌。他们如今日常需要交付几十万条视频，客户中既包括古驰（Gucci）等奢侈品牌，也有多多家童装、龙角散、三得利、Zara、海尔等大众熟知的品牌。

找到了合适的商业模式之后，FancyTech 并未在原地驻足，而是开始在视频的表达层面下功夫，也就是把商品的特点和卖点讲清楚。在淘宝平台上，它类似于一个视频版的商品详情页，让用户点击视频后便可充分了解商品的各种属性。

FancyTech 对视频的理解和制作方法，某种程度上像"出海四小龙"之一、跨境时尚企业 SHEIN（希音）的模式。"SHEIN 之所以每天都会出几千款衣服，就是因为他们把衣服所有的细节，包括领子、袖口、板型等要素拆解得足够细。只要进行不同组合，就能产出一款新衣服。"常征说。

在生产视频时，FancyTech 也采用跟 SHEIN 类似的打法，他们把广告创意的视频研究得足够细，依托背后的 AIGC 技术，就可以产出大量不同形式的广告视频。商家投放后，立刻反馈，效果好就继续生产类似视频，效果不好就果断放弃。这种动态观察投放结果的模式，会让商家的利益实现最大化。

FancyTech 制作的 AI 视频，还有一个适合投放的场景。如果你常去逛一些商品线下门店，就会发现它们非常喜欢用电子屏幕展示产品形态，这其实也是 FancyTech 的一个机会。

我们在 FancyTech 的官方视频号里，看到了这样一幅画面：在一家女性内衣店里，顾客在选购内衣时，时不时会被竖立在店铺内的电子屏幕吸引；画面中的视频将内衣的型号、材质、穿着方式等各种细节一一展示，不仅省去了店员介绍的麻烦，也让顾客对产品一目了然。

这个电子屏幕里的视频，正是 FancyTech 通过自研大模型制作的。

在算力层面，FancyTech 前期囤了上百个 A100、A800 显卡，极大缓解了本轮 AIGC 爆发后市场上算力需求大增导致的算力紧张状况。与此同时，公司也与阿里云展开广泛合作，不仅每月固定采购其云上算力，还使用了阿里云的中间件、三方模型等等。FancyTech 的期待是，未来能跟阿里云团队在多模态、视觉等算法突破上碰撞出更多火花。

2023年9月，FancyTech对外宣布完成近亿元B轮融资，由DCM（美国一家专注于早期投资的风险投资公司）领投，老股东金沙江创投、华山资本等跟投。这是FancyTech发展史上的又一个里程碑。本轮融资的资金将主要用于技术研发和市场拓展，未来公司计划出海，将以日韩为起点，逐步扩展至全球市场。

公司的经营势头持续向上，整个团队战斗力十足，已扩充到200多人，签约超过400家知名品牌，每月收入实现平均20%的增长，现金流已经打正。

在AIGC持续向前发展的大背景下，我们当然有理由相信FancyTech的未来会更有前景。从某种程度上说，正是因为生成式AI，才成就了今天的FancyTech，公司当然也把人工智能当作安身立命的根本，并将人工智能当作带动公司不断向前的引擎。

在我们跟FancyTech首席科学家常征聊天的最后，他再三告诉我们一件事，FancyTech会继续专注于内容创作，持续在视频生成上精进，而公司的愿景也很清晰："FancyTech要成为全世界最大的泛商业场景视频生产商。"

Moka：用AI重构人力资源管理

人工智能不仅能帮助商家制作出创意十足的视频，还能在人们意想不到的许多场景中让企业突破发展瓶颈。

吴恩达教授曾经做过一个形象的类比，把当下的人工智能比作100年前的电力。电力彻底改变了所有行业，改变了人类的生活方式，"而人工智能也在做同样的事情，它深入每一个行业和学科，所取得的进步帮助了无数人"。

人工智能的影响力确实超乎我们的想象，各行各业都在悄无声息地被人工智能重塑，其中就包括人力资源管理。Moka（北京希瑞亚斯科技有限公司）就是一家正在用 AI 打造一体化人事系统，帮助企业解决招聘、入职、考勤、薪酬等各种人事管理问题的创新型公司。

AI 推动下的招聘生产力革命

在一段 Moka 发布的视频中，我们体会到 AI 在企业进行招聘时发挥的神奇作用。

当你输入"我需要一个大模型算法工程师"的要求后，再提出"帮我写 JD（招聘岗位描述）"的请求，几秒钟之后，屏幕上就出现了对应的 4 条岗位职责和 5 条任职要求，你只需简单修改一下就可使用。如果你再点一下发布，系统就会根据地区、技能、职位等要素，为你推荐合适的候选人。

接下来，对于系统推荐的候选人，你也不用逐字逐句地查看对方简历，只需一键就可让系统帮你自动评估候选人与职位的匹配度，包括学历、工作经验、学术成就等，给你一个清晰明了的评估结果。

上述场景来自 Moka 于 2023 年 6 月发布的一款产品 Moka Eva，它是面向通用人工智能时代的 AI 人力资源（HR）伙伴。Moka 联合创始人兼 CEO 李国兴在该产品发布会上不无骄傲地表示，Moka Eva 的名字来自 Moka Evolution with AI 的缩写，"寓意 Moka 全面拥抱 AI 的战略，同时也寓意 Moka Eva 将会像人一样提供更人性化的服务"。

Moka Eva 对人类的帮助已经超出了我们的想象。除了上文提到的可以帮助招聘者找到合适的候选人，它在面试候选人环节也能极大提高企业的效率。

它可以帮助 HR 统筹安排面试时间，之后它会根据候选人的具体情况，一键生成面试问题；多场面试完成后，它会自动生成列表，统一向 HR 出示多位候选人面试情况统计，为企业最终录用哪位候选人提供决策参考。

简而言之，Moka Eva 的问世，真正实现了全面用 AI 赋能招聘，从简历智能初筛、定制面试题到写面试评估等，AI 已经在逐步简化、替代传统招聘流程。

Moka People：打通从招聘到人力资源管理的全流程

Moka 其实在人力资源领域深耕已达 8 年之久。它成立于 2015 年，核心团队成员来自斯坦福、北大、清华等世界知名高校，以及阿里巴巴、美团、SAP 等一线互联网及企业服务公司。

从初创开始，Moka 就在思考怎么为企业提高招聘效能。对于企业来说，日常跟招聘有关的事项非常繁杂，包括不同招聘渠道的构建、面试安排、候选人管理、人才库搭建、数据分析等，都需要分门别类，甚至由多人协作才能完成，这极其消耗企业的精力。

2016 年底，Moka 打造了一款名为"Moka 招聘"的招聘管理系统，它可以把上述招聘所有相关环节都纳入一个体系处理，让企业在招聘上化繁为简，变得更有组织性和系统性。

2019 年，Moka 开始布局人事一体化系统，推出了让全员体验更好的 Moka People 智能化人力资源管理系统。Moka People 能提供包括招聘管理、入职管理、人事管理、假期管理、薪酬管理、绩效管理在内的一体化人事管理服务，由此打通了从招聘到人力资源管理的全流程，提供多维度人力数据洞见，助力管理者科学决策。

对于 AI，Moka 其实早有关注，公司在 2018 年便成立了 AI 团队，把 AI 深度应用到 Moka 产品中，例如基于 AI 技术公司开发了简历解析功能，一键就可让招聘者对候选人的优缺点一览无余。

进入 2023 年，Moka 决定全面拥抱 AI，宣布用 AI 重做 HR SaaS。出台这项重要战略的背后，是李国兴对时代正在发生巨变的深刻认知，他说："AI 是一场智力上的生产力革命，未来十年，一个组织的竞争力将取决于 AI 与组织和人结合的深度。"

在 AIGC 最火爆的这一年，Moka 推出的重磅产品就是 Moka Eva。按照 Moka 的官方说法，Moka Eva 是基于大语言模型的新一代 AI 原生的 HR SaaS 产品，"可以无缝集成到 HR 日常工作的各类场景中，10 倍提升 HR 的工作效率"。

Moka Eva 除了能帮助 HR 在前文提到的招聘环节减轻工作压力，还能在员工内部管理上节省海量的沟通成本。比如"对话式 BI（商业智能）"这项功能，让非技术人员也可以通过自然语言文本输入想查询的内容，得到他想要的关键指标和趋势。

假设 HR 想了解已面试人员的情况，他可以在报表中心的对话框里输入"我最近面试职位的招聘进展"，很快就出现一个数据统计表，非常方便他做决策。

Moka Eva 还有一项极其好用的功能"员工 Chatbot"，它不仅限于招聘场景，更重要的是能在 Moka People 中广泛使用，比如经常有员工向 HR 咨询公司管理信息，像年假、产假、社保等问题，它能够完全替代人工，准确地根据对方的入职和转正时间给出答案，极大减少了 HR 的日常工作量。

Moka Eva 不仅能全面提升企业招聘效率、优化员工体验、赋能管理者，更深层次的影响在于，在当下经济周期中，它还可以帮助企业实现降本增效，更加从容地应对各种严峻挑战。

李国兴非常自豪地认为："Moka Eva 是一个懂数据、懂员工、懂招聘的人工智能伙伴。"因为这款产品的推出，Moka 也成为行业内首家真正交付 AI 原生 HR SaaS 产品的公司。

"AI+ 人力资源管理"赋能 2000 家企业

"AI+ 人力资源管理"为企业带来的生产力的巨大提升，已经被无数企业看到。截至 2023 年，超过 2000 家客户都在使用 Moka 提供的人力资源管理系统。

由 Moka 联合 36 氪研究院发布的《AGI 时代下的组织变革研究报告》则为"AI+ 人力资源管理"描绘了这样一个未来："面对 AGI 时代下组织及人力资源管理的挑战，如何顺应变化以提升组织能效成为每个企业都要思考的重要命题。"

李国兴非常同意这一判断，在他看来，随着一些企业级的 AI 工具越来越深入地落地，将产品用好可能会成为一个专业技能。

他举例说，比如一个公司的市场团队使用 ChatGPT 或 Midjourney 生成营销文案和图片，并不是所有人都能得到同样好的效果，有些人用得好，有些人用得不好，因为每个人使用 AI 软件的能力不同。

"未来优秀的人才一定是最善于使用 AI 的人才，未来最优秀的组织也一定是最善于使用 AI 生产力的组织。"

一场在人力资源管理中的变革正在悄然进行。

在 2023 年出版的《埃隆·马斯克传》[①] 一书中，美国著名传记作家沃尔特·艾萨克森提到，"科技狂人"马斯克的管理事无巨细，他不仅掌管了 6 家公司，而且从产品设计和软件工程，到制造、供应链和多家巨型工厂，事关生产过程中的每个环节他都要过问、质疑、改进。

[①] 《埃隆·马斯克传》中文版由中信出版社于 2023 年 9 月出版。——编者注

对于经营一家企业来说，马斯克的做法是对的。只有把涉及企业经营的所有细节都摊开来，分析透彻，再想办法将每个环节进行优化，才能达成整个企业生产效率的提升。FancyTech 和 Moka 所做的事情，正是将 AI 引入企业管理的毛细血管，让 AI 发挥效力，真正解决了企业的痛点。

第五节
当 AI 融入智能硬件：你的手表和鼠标会思考

在一般人的印象里，本轮以研发生成式 AI 技术为核心的人工智能公司一般指两类：一类是集中力量组建团队研发大模型的公司；另一类是偏重大模型的应用层，专注于打造文生文、文生图或者文生视频产品的创新企业。

但也有许多公司不属于以上任何一类，它们是以生成式 AI 和软硬件交互为核心的人工智能公司，简而言之，即把大模型和应用均视为公司的主要业务方向。

出门问问就是这样一家公司。它的创始人是圈内尽人皆知的创业明星、谷歌前科学家李志飞。李志飞于 2012 年在上海创办出门问问，并且得到了老东家谷歌的投资。创业之初，出门问问主做语音搜索应用，后来将业务拓展至智能硬件，包括 AI 手表、可穿戴设备以及智能家居等。到了 AIGC 时代，他们又开发出序列猴子大模型，并打造了 AIGC 产品矩阵。

过去 11 年，出门问问在人工智能领域取得了傲人的成绩：它以技术起家，一直紧跟人工智能的发展步伐，在寻找商业落地场景上取得了诸多成功经验。

另一家公司拉酷，成立时间晚于出门问问，但公司的主要业务更聚焦于"AI+ 硬件"。拉酷由 1991 年出生的"设计天才"龚华超创立，是一家专注于触觉感知技术的智能硬件与算法创新公司。拉酷最知名的产品是龚华超早在大学本科时期就设计出来的 Nums 超薄智能键盘，由于其极富创新性而荣获 2017 日本 G-Mark 奖与德国红点奖至尊奖，量产后在 B 端与诸多知名企业合作，在 C 端零售畅销全球各地。

两家公司对于人工智能都有各自独特的理解和切入角度，但共同点是，它们研发的手表、鼠标等人工智能硬件产品，让人工智能真正走进了每个人的生活。

出门问问：将语音技术引入智能硬件

"正面是一块 1.3 英寸的圆形 OLED（有机发光二极管）屏幕，不锈钢的边框，右侧是两颗表冠按键，中间是麦克风，背面则是磁吸充电的触点和心率传感器，戴在手上非常好看。"

这是 B 站上一条播放量超过 20 万的手表评测视频，视频的主角是 TicWatch C2 智能手表。别看它在外观上跟普通智能手表无异，但它的功能之强大超越了市面上一些主流大牌。

基于谷歌 Wear OS 系统的这款手表，自带的软件非常齐全，社交媒体、地图、音乐、购物等 App 一应俱全，关键是它能完成许多手表完成不了的操作。比如，用这款手表可以直接与别人进行微信文字聊天，也可以在手表上看小说、看视频、玩《愤怒的小鸟》等游戏。

TicWatch C2 智能手表发布于 2019 年，当年的售价高达 1299 元，生产商正是出门问问。那是出门问问创立的第 7 个年头，也是公司探索语音技术的商业化途径的第 4 年。

出门问问走上智能硬件研发这条道路，既是顺势而为，也是公司发展策略上的主动求变。

李志飞读博期间的研究方向是智能机器人翻译，他在创办出门问问时，全世界都被语音引领的人机交换技术深深折服。用户不用触碰手机，只要用语音就能放音乐、设置闹钟、给好友打电话，这些操作就是这种技术的集中体现。

李志飞也想赶上这波大潮，他希望出门问问主要探索语音交互技术并进行产品落地。2012年，李志飞离开谷歌，在得到红杉资本和真格基金1000万元的天使轮融资后，他招揽了来自斯坦福大学、复旦大学、上海交通大学等世界级名校的毕业生，正式创办出门问问。

出门问问副总裁、首席科学家李维告诉我们，他十分清晰地记得当时各个大厂争着做智能音箱的盛况，"那时候是宁可亏本也要把音箱卖出去。因为把音箱卖出去以后，它们就占领了这个端口，商业模式就能建立起来"。

但李志飞不想跟着大厂拼智能音箱，那个赛道的竞争太过激烈，是大厂才玩得起的游戏。作为一家创业公司，李志飞将主要精力用在做语音搜索引擎上，很快公司就打造出一款可以完全通过语音输入进行操作的生活信息搜索工具。2013年7月，出门问问被腾讯推选为"十大微信公众号"之一。

2015年公司进入第二个发展阶段，开始探索语音技术的商业化途径，此时就充分显示出李志飞的先见之明，公司在语音技术上的探索经验被成功用于C端的智能硬件。

当时，出门问问除了研发出TicWatch智能手表，还打造了AI真无线智能耳机TicPods系列、智能车载后视镜TicMirror、智能音箱TicKasa系列等多个人工智能软硬件结合产品。

其中TicWatch智能手表就体现出极强的人工智能属性。这款耳机看上去跟AirPods等主流产品并无两样，但它最强大的功能是用户可以直接向耳机发送语音指令，完成许多以前用手才能实现的操作。比如使用音乐软件时，用户只要说出"开始播放"，软件就会运行，而说出"下一首"，则会跳到下一首歌曲。

TicPods 耳机的神奇之处还不止这些，当有人打电话来，戴着耳机的你并不想接听，不用进行任何操作，只要摇摇头就能将电话挂掉；你如果想接听，只要点两次头就能完成操作。

这款手机还有一个 AI 助理——小问秘书，你只要说出你想记录的重要信息，它就可以帮你一字不落地记下来。当你说出"小问秘书，帮我记录一下明天上午 10 点要在一号会议室开会"，下次等你查询时，它就会用语音复述上述信息。

出门问问做的 C 端智能硬件产品非常成功，以主打产品 TicWatch 为例，根据 2023 年出门问问招股书，TicWatch 系列手表已销往 100 多个国家和地区，自 2020 年以来累计销售达到 100 多万块。

另外，出门问问也在 B 端发力，李维透露："我们在 B 端和汽车厂商合作，制订在车载环境下的语音解决方案。"数据显示，自 2020 年以来，有 200 万辆汽车预装了出门问问车载语音交互解决方案。

总体而言，出门问问在寻找商业落地场景上成果颇丰，尤其是 AIoT（人工智能物联网）硬件一度成为公司最主要的收入来源：2020 年营收达到 2.2 亿元，占比 83%；2021 年营收则是 3.4 亿元，占比 85%。直到 2022 年，AIoT 硬件的营收占比降到 39%，但还是达到了 1.97 亿元。

紧盯 GPT，迅速推动技术落地

2018 年，震惊人工智能界的一件大事是，这年 6 月，OpenAI 公司推出了具有 1.17 亿个参数的 GPT-1 模型。此时谷歌 Transformer 模型的诞生恰好过去一年。

作为一家谷歌投资的公司，出门问问当然注意到了 GPT 模型的出现，并很快决定投入 AIGC 的研发，开始了大模型的基础建设，出门问问也成为最早研发通用大模型的国内企业之一。公司由此进入发展的第三阶段，即大模型驱动下的产品创新阶段。

如果回顾出门问问的发展历程，你会发现这家公司一直紧盯人工智能发展的最新动态，也会因势利导，在不同节点调整公司发展方向，跟上人工智能时代发展的步伐。这背后的关键人物当然就是它的创始人——李志飞。

2020 年 GPT-3 发布时，李志飞显得异常兴奋，他认为 GPT-3 的能力极其强大，将其形容为"一位科科都是高分的全才"。他由此认为一个时代即将开启，"GPT-3 是暴力美学的胜利，从中能看到通往通用人工智能的可能性"。

李志飞决定立即跟进，出门问问很快便推出了一个中文版 GPT-3——70 亿参数规模的大模型 UCLAI。

此后，出门问问并没有停留在技术层沾沾自喜，这家商业化经验十分丰富的公司明白，只有研发出能直接服务于用户的应用产品才有价值，所以他们开始迅速推进大模型技术落地。

公司针对内容创作者推出了一系列 AIGC 产品，包括提供 AI 配音的"魔音工坊"及其海外版 DupDub，可以自动生成文章的"魔撰写作"，辅助视频生成和虚拟直播的"奇妙元"。这些产品不仅技术底座厚实，更重要的是抢占了市场先机，获得用户正面反馈也就成为水到渠成的事情。"AIGC 产品序列中做得最好的是魔音工坊，占领市场比较扎实，有 60 万付费用户。"李维告诉我们。

诸多 AIGC 产品的底层算力，也有一部分部署在阿里云上。李维说，出门问问十分看重阿里云为大模型研发和 AIGC 产品提供的一整套基础设施服务底座，公司与阿里云的合作正在进一步深化之中。

下一步，活下去

2023年农历大年初二，李志飞就飞到了美国。当时ChatGPT在国内风头正盛，李志飞想去它的诞生地探究它到底是怎么出现的，以及为什么大模型如此厉害。

跟谷歌、OpenAI、DeepMind等人工智能公司的业内人士交流过后，虽然心中对ChatGPT仍存有许多未解之谜，但他十分确信一件事：AI大模型时代已经来了。

随后国内果然上演了"百模大战"，出门问问也不甘落于其他互联网大厂之后，很快就将UCLAI迭代升级为序列猴子大模型，牢牢把AIGC系列产品的基座和引擎掌握在自己手上。

半年以后，中国大模型技术水平突飞猛进，已基本复现ChatGPT的功能，但研发出它们的企业很快发现一个问题，当要把这些大模型落地时，不知道怎么建立商业模式。更要命的是，很多中小公司的钱快花光了，大模型的训练成本又极高，据估算，GPT-3训练一次的成本约为140万美元，而一些更大的大语言模型，训练成本介于200万美元至1200万美元之间。

"你把投资人的钱烧完了，以后怎么办？"李维认为，现在大模型进入一个困难期，大家不知道如何变现，"不知道怎么让大模型带来收入，没有收入就不可持续"。

在大模型的研发上，出门问问其实已经抢得了先机，根据其在招股书中的表述，"出门问问是亚洲为数不多的具有建立通用大模型能力的AI公司"。但出门问问深刻地意识到不进则退的道理，在日新月异的人工智能领域，"活下去"是一个残酷而又现实的必选题，进入"百模大战"的下半场，出门问问已经开始在短视频、数字人等领域探索商业落地场景。

对于人工智能的未来，此前李志飞在接受极客公园采访时表达过十足的信心："AI大模型是一个跟数据、业务高度融合，需要动态迭代发展的存在，它是个 service（服务），底层不停在变，和应用深度融合。它远远比当年静态的事物要更加有多样性，有更多可能性。"

在这条充满无数可能性的道路上，出门问问的努力方向早就写在公司的愿景里，"让AGI触手可及，让AI CoPilot无处不在"（Make AGI accessible and AI CoPilot everywhere）。而李维透露，公司未来的理想更为远大——让人工智能从"副驾驶"变成"主驾驶"，成为代理人。

拉酷：发明老年人也会用的AI鼠标

与出门问问"让AGI触手可及"的愿景类似，创办拉酷的龚华超也希望人工智能直接触达每个人。

2023年10月上旬的一天，北京秋意正浓，在清华大学南门附近的一家咖啡店里，我们与龚华超相约见面。他是清华美院的硕士毕业生，毕业后就住在咖啡店隔壁的华清嘉园小区，据说那里也是清华校友创业后的首选居住地。

龚华超背着双肩包走进咖啡厅。32岁的他看起来健壮又精力充沛，此时户外已经有些凉意，但他依然穿着短袖、运动裤，身上的肌肉线条明显。他戴着一副圆圆的眼镜，像个大学生一样笑着跟我们打招呼。

他是个成名已久的设计天才，我们聊天的话题自然从他设计的智能硬件开始。作为一家专注于触觉感知技术的智能硬件与算法创新公司的CEO，龚华超对拉酷的设想是"让AI可以融入人的生活"，打造出让用户真正可以用的AI硬件。

2023 年，当 ChatGPT、Midjourney 等 AIGC 软件风靡全球，国内外一众创新型企业也加紧开发大模型的各类应用软件时，龚华超的思考角度却跟别人不一样。他说："大部分公司想的是，我如何做一个跟 ChatGPT 一样的产品出来，我们想的是如何能够把它做到垂直应用里，直接解决用户的问题，并且让用户一下子就学会用。"

有一天，他在线帮远在苏州的父母解决电脑问题时，发现一个有意思的现象，中老年人虽然对电脑知识不够熟悉，但他们都会用鼠标的右键。"一旦电脑出现他们解决不了的问题，他们知道要点一下鼠标右键试试看。"

这极大启发了龚华超，他突然有了把鼠标跟人工智能结合起来的想法。他发现，当人们用 ChatGPT 这样的软件时，哪怕是翻译一段文字，也需要费尽周折，必须经过打开软件、拷贝文字、修改文字等六七个步骤才能实现，这对于跟他父母一样不熟悉电脑操作的人来说显然太过复杂。

为什么不能发明一个鼠标，只需点击右键，就能一键操作想要完成的人工智能任务呢？于是，他很快研发出一款智能鼠标，直接点击右键就可以对选中的文件、文字、图片或者声音执行各种人工智能任务。

举例来说，假如一位不懂任何人工智能软件的老年人，选中一段网页上的文字，他只要长按这款智能鼠标的右键，就会跳出"精简一半""扩写一倍""文案总结""总结标题""中译英"等各种选项，他只要根据自己的目标任务再次点击一下，就可完成。

点击这款智能鼠标的右键还有"聚合搜索"的功能，非常方便在线购买商品时去不同平台比价。此外，该鼠标的一键将 Word 文档转换成 PDF 文件、一键压缩文件大小等功能，也非常实用。

总而言之，这的确是一款让老人都能便捷上手和使用的人工智能鼠标。

从"设计天才"到科技创业者

龚华超在设计上的天赋，与其家族基因不无关系。1991年，他出生在苏州的一个艺术世家，爷爷擅长油画，父亲则是和田玉雕刻大师。

高中毕业后，成绩优异的他被保送至南京理工大学工业设计专业。开启大学生活后，龚华超立刻喜欢上了这个专业，因为他发现这正是自己的兴趣所在。

有一次，老师布置了一个作业，让学生们设计一个垃圾桶，大多数同学在作业提交前几天疯狂熬夜，然后设计出一两个作品交差。龚华超跟他们不一样，为了设计一个他心目中最理想的垃圾桶，他不停地修改设计方案，一口气设计了二十多个垃圾桶，交作业时给了老师一摞很厚的设计方案。

读本科期间，发生了一个足以改变龚华超整个人生的重要事件，他获得了设计界的奥斯卡奖——德国红点奖。

得奖的灵感源于他有一次将笔记本电脑从戴尔换成苹果时，发现苹果电脑并没有他以前惯用的数字键盘，而苹果电脑那块大大的触控板，却由于他外接鼠标而闲置。他突发奇想，为什么不能设计一款可以放在触控板上的数字键盘呢？

他请教了计算机专业的一位老师，却被老师狠狠地泼了一盆冷水："触控板只能识别相对位置，但敲出0到9这10个数字却需要识别绝对位置，触控板解决不了这个问题。"他并没有死心，后来找了一个学计算机的博士生，帮他继续研发方案。经过3个月的反复研究，他终于将这个键盘成功设计出来。

龚华超把设计构想寄给了德国红点奖主办方，让他意想不到的是，大一暑假的夏天，喜讯从天而至，他收到主办方的邮件，告诉他获奖了。他甚至不敢相信邮件里的内容：他竟然获得了红点奖最高奖项——至尊奖

(best of the best)。

红点奖让龚华超成为学校里的名人，一时间他成为各大媒体关注的焦点，无论是央视还是省市电视台、报纸，都争相报道这位设计天才。

这个奖项对龚华超意义非凡，他从此以后对自己建立起足够的信心，他坚信自己在设计上的确具有超出常人的天赋，而他从那时候开始也有了一个信念，他此生的志向就是要设计出中国人原创的伟大作品。

本科毕业后，凭借 GPA（平均学分绩点）将近 4.0 的高分以及获得的各类设计大奖，龚华超顺利被保送到清华美院，成为工业设计硕士研究生。

此后，他并没有停下拿奖的步伐，他设计的鹈鹕防尘罩、360 平衡担架等先后获得德国 iF 设计奖、美国 IDEA 设计奖等，加上日本的 G-Mark 奖，龚华超在 26 岁以前就把设计界的最高奖项拿了个遍。

在拿奖拿到手软的同时，龚华超也明白，要想把自己的设计想法落地，他只能走创业这条路，他也一直在寻找机会。

一次机缘巧合，他认识了真格基金联合创始人王强。对方非常赏识他，甚至第一次见面就当场拍板，答应出资让他做一个中国版的贝尔实验室，只要他签字，就能把头一笔钱打到他的个人账户上。

但就在签字之前，龚华超询问了另一位投资人的意见，对方建议他做一款产品，而不要仅仅做一个设计师："只有把一个产品做深，体验它的整个流程，从设计到生产，到销售、营销，包括之后的融资，你才有可能做出更多好用的产品。"龚华超听后醍醐灌顶，便婉拒了王强，拿到这位投资人的钱，正式开启自己的创业之路。

回想起这段经历，龚华超笑着说自己现在有点后悔："当时我还是年轻，我没必要拒绝王强，其实他们两个人的钱我都可以拿。"

走进扎克伯格办公室的智能键盘

2014年，北京拉酷网络科技有限公司（简称"拉酷"）在清华大学附近的一座写字楼里成立。拉酷推出的第一款产品就是让龚华超获得德国红点奖的智能键盘。

这款名为Nums的超薄智能键盘操作非常简单，你只要直接把它放到笔记本电脑的触控板上，再安装好与系统匹配的软件就可使用。你用食指从左上角向中间滑动，就可以启动计算器功能，从右上角向中间滑动，则可以在键盘和鼠标功能之间自由切换。

Nums智能键盘的创新性在全球都属领先，它有50多项国际国内知识产权，一经推出便大受欢迎，很快就与一些主流笔记本电脑厂商展开了合作，联想、戴尔、小米、同方等企业都与拉酷建立了广泛合作，产品已全面在微软门店、苹果零售门店、小米线上线下店、京东、淘宝、美国亚马逊及日本本土零售商乐天市场售卖。

这款产品在全球拥有超百万的用户，甚至脸书创始人扎克伯格也是它的用户。那是扎克伯格访问清华大学时，龚华超不光跟他畅聊了一个小时的创业理念，还把一个Nums智能键盘送给了他，中国年轻人原创的智能硬件产品就这样进入了硅谷大佬的办公室。

细数过往，龚华超得过7项国际顶尖创意设计奖项冠军，但他心里十分珍视的一个奖项，是2021年他获得的阿里巴巴诸神之战"5G+物联网"赛道全球总决赛新锐奖。

这个奖项之于龚华超的重要意义是，他在比赛中提出了一种构想——云应用，也就是将软件建在云上，本地只有操作界面。这样的好处是，用户不必在自己的电脑上装载过多软件，一旦想使用哪款软件直接上云调用，即用即走，非常方便。他为此设计了一款云鼠标，专门实现这种构想。

"云应用"对他的影响极深，直到 2023 年 AIGC 火爆，ChatGPT 走进千家万户之后，他受到启发，用上文提到的智能鼠标搭建起 AI 与硬件的桥梁。

提到对云服务的认知，龚华超也有多年实际感触。从公司建立之初，拉酷就与阿里云产生各种关联，域名是在阿里云注册的，员工统一使用阿里云邮箱，算力也部署在阿里云上。

在与龚华超聊天的将近 3 个小时里，我们能强烈地感受到他身上散发出来的对人工智能以及设计的执着和热爱，也能感受到他对人工智能进入每个普通人生活的热切渴望。

"我现在把拉酷叫作人工智能加硬件公司，就是希望能够做用户触手可及的人工智能产品。"龚华超说。

目前拉酷的规模并不大，北京、深圳两地加起来也只有十多个人，但他们的营收状况却超越了许多几十个人的中等规模公司，每年都有百分之十几的净利润。龚华超透露，他们会持续推进融资，有了更多钱，公司就可以扩大团队，研发更多人工智能硬件产品。

创业一路走来，龚华超一直非常崇拜苹果创始人乔布斯，就连穿着也模仿对方，比如他日常爱穿黑色 T 恤。他认为乔布斯跟自己一样，也是设计师创业，"我们创造的产品对人真的有用"。

但他告诉我们，他并不想创造一家中国的苹果公司，他希望做的是世界的拉酷。在他心里，一直以来的梦想是将中国的原创产品推向全世界。

他的这番话让我们联想起 2017 年龚华超在清华校园里，曾经给购买 Nums 智能键盘的用户写过一封信，这封信就放在每一个 Nums 智能键盘的包装盒里。他在信里这样说道：

从设计概念到获德国红点设计奖至尊奖，到央视的报道，再到商业计划和投资，以及最后的产品完善和通路铺设，一路摸索，克服了无数个从未经历过的困难，跌跌撞撞，其间酸甜苦辣只有自知。虽然中途有无数个放弃的理由，但我们选择爬起来继续前行。

我一直有一个梦想，希望能改变世界对于中国设计的不良看法，让山寨变成创造，为祖国的创新和强大贡献全力。

如果说 2023 年是整个科技行业对 AI 进行畅想的阶段，那么 2024 年则是各大厂商将畅想落地的一年，尤其是在"AI+ 智能硬件"领域。2024 年 2 月下旬，西班牙巴塞罗那举行了一年一度的世界移动通信大会（MWC 2024）。本次大会一个重要特点是，各大手机和 PC 厂商都公布了自家的 AI 硬件产品。

很显然，将 AI 融入硬件已经成为整个行业的共识，因为只有让每个人更便捷地触达 AI，让 AI 真正使人们的生活更美好，AI 的存在才有意义。毫无疑问，出门问问和拉酷已经走在了这条正确道路的前方。

第六节
今天，你制作数字分身了吗？

2023年春节前后，全球科技圈都被一件石破天惊的大事件深深震撼：由美国人工智能公司OpenAI推出的ChatGPT，让AIGC往前迈进了一大步。

满城尽带黄金甲，每个跟人工智能有关的人都嗅到了一丝时代正发生巨变的气息，阿里巴巴大文娱团队也不例外。在ChatGPT推出之后，对人工智能感兴趣的几个年轻人就不时交流想法，当他们目睹了一款产品从默默无闻到火遍全球的全过程后，这几个年轻人的内心也生出一个念头：为什么我们不能研发一款让人人都觉得好用的人工智能产品呢？

春节假期刚过，当时在阿里巴巴任职资深产品专家的张月光就组建了一个五六名同事参加的"AIGC破壁小组"内部群。这是一个专门为新产品设立的"头脑风暴"群，群里涵盖了产品和技术专家，他们不时分享国内外AIGC的最新发展动态，也会对AI和图像技术方面的最新应用产品进行点评。

当时群里的五六个人恐怕谁也没有想到，仅仅5个月之后，他们就打造出国内第一个真正意义上破圈的现象级AIGC产品——妙鸭相机。

妙鸭相机：第一个出圈的 AIGC 产品

最初，"AIGC 破壁小组"里的每个人都不清楚要做一个什么样的产品，他们只是兴奋地每天分享着人工智能领域里正在发生的一切，只不过他们对图片技术的进展更为关注一些。

彼时国外文生图领域的领跑者是 Midjourney，这款于 2022 年 3 月面世的 AI 绘画工具，已经展现出超强的文本生成图像的能力，在全世界亦获得超高口碑，国内也有许多类似产品开始出现。这些产品都有一个共同特点：对技术和算法的要求相对较高，需要投入大量的研发力量才能达成产品效果。

对于"AIGC 破壁小组"这个小团队来说，做这样一款产品显然是个"不可能完成的任务"。他们不想跟随友商的步伐走文生图的老路，因为那样注定不能一鸣惊人，他们决定另辟蹊径。

经过一个月的讨论，"AIGC 破壁小组"一致认为他们要做的产品应该聚焦于"写实人像"，因为"更垂直的方向更容易实现"。

在确定产品方向的同时，团队的规模也开始扩大，从五六个人到十几个人，再到二十几个人，更多"大脑"的加入让关于产品细节的讨论更加充分。

又经过 3 个月的探讨，产品的方向已基本清晰，他们决定做一款图生图软件，即让用户上传自己的若干图片，再通过大模型的计算，生成一个数字分身，也就是写真相册。

当时，国外已经出现了一些由真人图片生成动漫的产品，但几乎没有公司能用真人图片生成写真图片。国内有类似产品，但小组成员拿过来测试后，发现呈现效果都不够真实，这让他们觉得在这个垂直赛道里是有机会的。

既然方向已经确立，研发人员开始加足马力，仔细打磨产品的各种细节。这时"AIGC 破壁小组"已经扩充成为十几个人组成的中等规模团队，在研发力量集结完成后，运营、市场等岗位也陆续补足人手，所有人开始为产品上线做最后的冲刺。

2023 年 6 月 30 日，团队正式上线产品的内测版本。为此他们找了一万多个用户试用，包括阿里巴巴大文娱内部的同事以及文娱圈的朋友们，没想到反馈情况出乎意料地好，超过 90% 的人使用后都对它极为称赞，"你们这个产品太牛了""这个太像了""太好了"的评价不绝于耳。

这让整个团队士气大振，他们隐隐约约觉得这个产品可能要火。

如同苹果、特斯拉这些响彻全球的名字一样，一个成功的产品一定要有一个响亮的名字。团队为了给产品取一个让人过目不忘的名字，曾经煞费苦心地向内部广泛征集。大家绞尽脑汁，总共提出几十个选择。虽然有些名字很好听，但遗憾的是都被别人注册过了。

最后经过团队全员投票，他们决定新产品的名字叫作——妙鸭相机。妙鸭相机叫起来朗朗上口，而且"妙鸭"二字让人感觉生动可爱，它的谐音也有很好的寓意——妙呀。

关于一款产品的所有准备工作陆续完成，所有人静待妙鸭相机正式上线那一天的到来。

让每个人都拥有一个"AI 摄影师"

2023 年 7 月 17 日，妙鸭相机正式在微信小程序上线。为了让用户迅速明白怎么使用这个产品，当天傍晚，妙鸭相机在官方账号发布了一封名为《妙鸭相机：让每个人都拥有一个 AI 摄影师》的感谢信，在信中详细解释了"AI 摄影师"的使用方法：

"在妙鸭相机里，通过上传一些你自己的照片，就可以拥有一个专属的数字分身,然后挑选你喜爱的写真模板,就可以得到一张张专业质感的写真。"

简单说,用户只要付费9.9元,上传20张照片,就能制作出一套"数字分身",使用"数字分身"又可以制作出多套不同风格的写真。

这是一个前所未有的AI图像生成产品,由于用它生成的写真照片不仅好看,还原度也高,妙鸭相机上线后迅速在社交媒体刷屏。

妙鸭相机制定的营销策略也十分奏效,因为它的裂变功能十分强大,在微信小程序上线后,当一个人把它分享给自己的亲朋好友时,他就会得到更多钻石,也就更有机会花费更少的钱生成数字写真,最终他停留在产品上的时长也会增加。

正式上线第一周,微信朋友圈里不断有人晒出在妙鸭相机生成的照片,评论区则是一片赞美和惊叹之声。小红书里也频频出现相关笔记,每个爱美的人都在分享使用妙鸭相机的心得。甚至有些人很快就把微信、钉钉的头像换成妙鸭相机为自己生成的数字分身,这比他们去照相馆拍摄的写真图片好看又省钱。

由于用户像潮水一样涌入,妙鸭相机生成图片的时间越来越长。7月24日晚8点左右,小程序的制作分身功能有3689人排队,等待时间长达5.5小时。而上线第一周里,用户最长需要等待12个小时才能生成写真照片。

妙鸭相机的算力部署在阿里云上,爆火导致算力需求大增之后,妙鸭相机紧急联系阿里云业务对接人,调拨了更大算力,迅速解决了用户等待时间过长的问题。

由于微信小程序相关规定,部分应用不支持苹果手机用户使用,为了解决用户体验问题,妙鸭团队紧急动员起来,决定立刻开发App。团队连夜赶工,用了4天时间就将App上线。

针对用户提出上传 20 张图片过多的问题，他们也很快进行优化，降到只需 15 张照片就可以生成数字写真。

妙鸭相机的出圈成为国内人工智能领域的轰动性事件。它不仅成为第一个出圈的 AIGC 产品，更让整个芯片市场为之波动，也带动了相关概念股走热。同花顺 iFinD 显示，截至 7 月 26 日午间收盘，当周沪指涨 1.66%，AIGC 概念股和算力租赁概念股均暂时跑赢大盘，分别上涨 1.98%、2.14%。

对于产品的一夜爆火，阿里巴巴大文娱首席技术官郑勇曾在接受采访时表示："首先，我认为我们运气不错。其次，用户的体验也非常重要。总结下来，妙鸭相机走红的关键在于回归用户、极致产品、敏捷组织，这三者缺一不可。"

不跟摄影师抢饭吃

"中秋将至，且喜人间好时节，怎能不留下几张美丽的照片呢！"

2023 年 9 月 20 日，距离中秋节还有 10 天时，湖南卫视中秋之夜官方微博发布了一个前所未有的新奇活动，宣布他们与妙鸭相机等合作方策划了一个中秋营销活动，用户只要选择嫦娥和玉兔模板，就可生成中秋写真照片。

此时妙鸭相机已经深入人心，用户对于产品带来的各种新奇体验仍然乐此不疲，许多用户立刻进行体验，社交媒体再次被不同样貌的"嫦娥"和"玉兔"刷屏。

如果说中秋营销活动是让用户进入神话故事之中，妙鸭相机与阿里云联合推出的亚运 AI 写真，则让普通人体验了一把当亚运冠军的滋味。在 2023 年杭州亚运会举办期间，用户只要在妙鸭相机里选择"荣耀时刻"模板，就能制作跟亚运冠军的服装造型一模一样的照片。

一时间，穿着领奖服的各式"亚运冠军"在社交媒体上出现，他们不用去亚运赛场也能为中国健儿加油助威，体现出 AI 时代亚运会的别样参与形式。

妙鸭相机的出现，提供了一种新颖的照片形式，更重要的是让普通人的生活多了一抹亮色。许多用户在使用过妙鸭相机后的共同感受是，照片中的人有点像自己，但比自己更美。这其实也是妙鸭团队努力的方向——真、像、美，并且绝不会让人体验到"AI 感"。

妙鸭团队运营负责人透露，妙鸭相机不仅能满足 C 端用户发布社交媒体、制作简历和头像等需要，还能满足 B 端企业的需求，包括制作员工穿统一着装的照片，以展示企业团队整体风貌，体现专业并值得客户信赖的形象。

比如房产中介、车企等，需要员工的对外形象清新靓丽、服装笔挺，如果公司为每个人单拍一组写真照片，不仅费时费力，也是一笔不小的开销。然而运用妙鸭相机后，能大幅降低制作成本，减少拍摄费用。"最近，一家车企就在跟我们谈合作。"妙鸭团队运营负责人说。

当数字写真照片逐渐成为社交达人的"标配"后，一些对传统摄影行业的担忧也开始出现，"照相馆要黄了""没必要去线下店拍照""AI 要跟摄影师抢饭吃"等言论，一时间此起彼伏。

"我们并没有想要干掉天真蓝、海马体（品牌摄影室）的想法。"妙鸭团队此前在接受采访时表示，妙鸭相机更想成为行业的赋能者，而不是竞争者。

在日新月异的 AI 时代，妙鸭相机并非高枕无忧。面对 AI 技术一波超过一波的发展浪潮，妙鸭相机也在加快自己的迭代升级速度。负责人张旭说，除了 B 端还有很多场景可以探索，妙鸭相机本身也会在满足用户更多元的需求上努力。他表示："我们在做 AIGC 技术探索的时候，更多还是回到了用户真正有需求的场景，也就是去问：用户是不是真的需要这个产品？他们在原来的场景里是不是有一些痛点？如果有，我们就可以思考是否能够通过 AIGC 技术去满足需求或解决痛点。而并不是说，因为我们有了 AIGC 的能力，才去探索技术在哪个场景更适合落地。总之，这应该是一个从用户需求出发，反向倒推的过程。"

2023 年 9 月初，妙鸭相机上线了一个"发型设计"功能，用户只要在 App 首页右侧点进"发型设计"频道，就能根据其提供的发型和发色，设计属于自己的 AI 写真照片。很显然，以 AI 重构形象设计、提供定制化的生活服务将是妙鸭团队下一阶段的主攻方向。

妙鸭团队从未忘记自己创业的初衷，在 2023 年乍暖还寒的时候，五六个人成立"AIGC 破壁小组"时最朴素的愿望就是，打造一款人人觉得好用的 AIGC 产品。

一如妙鸭相机在正式发布产品时说的那样，"愿每个人都能找到更美丽自信的自己"，这是用户的共同愿望，更是妙鸭相机一路向前的最直接动力。

童语故事：为孩子打造一款原创 AIGC 产品

AIGC 兴起后，制作数字分身的场景变得越来越多，就连小朋友读的绘本故事也可以用 AI 生成。张华无论如何也想不到，一次陪女儿去游乐园玩的经历，让他为全天下的家长和孩子们打造出一款 AIGC 绘本故事产品。

2022 年 11 月，张华带着女儿及其幼儿园同学去杭州的 Hello Kitty 乐园游玩。这趟出行让孩子们非常开心，也让张华开始思考，用什么方式可以把他们游玩的经历记录下来，成为孩子们永久的回忆。

在此之前，张华常跟女儿一起看绘本，发现好多故事并没有引起她的兴趣，他为此经常满世界搜寻适合女儿的绘本，但无论出自国外还是国内，能让他和女儿都满意的绘本寥寥无几。这次，ChatGPT 的火爆让他突发奇想：为什么不能用当下正热的 AIGC 软件，将女儿和同学的游玩经历制作成一个绘本故事呢？

他马上开始实施自己的计划。首先，他为整个故事设置了水上乐园、旋转木马、卡丁车等几个场景，然后将其输入当时刚刚发布的 ChatGPT 3.5，扩充成一个完整的故事。接着，他用另一款文生图软件 Midjourney 将故事生成了 10 张情节连贯的图片。最后，他再把图片用 A3 纸打印出来。这样一来，一本完整的以女儿及其同学为主角的绘本就做成了。

张华对自己创作的绘本十分满意，他把它放到女儿的桌上，没想到女儿更开心，"因为她觉得这是爸爸给自己做的、一本专属于她的绘本，这是她所有绘本里最好的"。

这次做绘本的经历对张华触动很深。当时是 2023 年 1 月，在这个寒意十足的深冬时节，在 ChatGPT 的带动下，整个世界都在为生成式 AI 带来的火热而疯狂。而张华也在考察创业方向，他关注人工智能多年，给女儿做绘本的经历让他开始设想，能不能把 AI 作为工具，做一个以孩子为主角、可自由创作的绘本产品？

那时候，像张华设想的用人工智能生成绘本的模式，只有国外出现了一些零星产品，国内市场上还无人尝试，张华自己也不确定他的想法是否能实现，或许只是天方夜谭。

做产品和运营工作多年的张华，懂得前期的市场调研对于研发一款产品的重要性。他开始广泛接触业内人士，了解绘本的价格区间、市占率、年度交易额等信息。他发现不仅是自己的女儿，对于所有 6 岁以下的孩子来说，阅读绘本对他们的成长至关重要，这是他们了解生活中道理的重要途径。

困扰家长们的问题是，市面上的绘本虽多，但不仅卖得贵，还不一定适合自己的孩子，往往想要针对性地解决孩子发脾气、挑食等小问题时，他们都不知从何处入手。如果能够让孩子们读到定制化的绘本，不仅能拉近孩子与绘本中故事的距离，也能满足家长对孩子具体教育目标的需要，可谓一举两得。

解决了产品能否真正满足用户需求的问题之后，接下来，张华开始论证产品从形态上是否可行。他想到过去的几位同事，他们在打造产品方面都有丰富的经验。

他一一询问了这些老同事，除了讲述自己给女儿做绘本的经历，还发出了自己的疑问：如果小朋友只是描述了一个场景，能否直接用大模型把场景变成一个故事？故事生成以后，再用大模型把每一个情节都变成一张图，在技术上是否可行？

这些在互联网行业驰骋多年的专家都认为，随着 AIGC 的迅猛发展，张华的这些想法实现起来并无太大困难。这些鼓励给了他极大的信心。

张华经过调研后认为他之前的设想完全可行，产品的基本样貌大模型都可实现，它应该是一个可以被用户接受的产品。2023 年 5 月，他正式开始组建团队，打造国内首个基于 AIGC 能力的儿童绘本故事制作产品——童语故事。

让孩子成为故事的主角

张华清楚地知道，童语故事是一款面向家庭生活场景的应用型产品，快速生成内容、打造好故事、让产品具备可规模化复制的能力，是它需要重点努力的三个方向。

归结成一句话，就是用户的使用体验一定要好。在张华看来，童语故事本质上还是一个互联网产品，"最好的互联网产品其实是刚需、高频的，它需要首先提供一个用户的使用场景，用户只有觉得有价值才会愿意反复使用，未来我们才能做商业化。"

从技术开发的角度看，解决上面提到的三个问题并不难，现有的大模型技术都可以实现。童语故事主要是在大模型上层做应用，其难度主要在于如何做好用户的交付，比如出图速度、出图质量，如果有两个角色，又如何保证角色的一致性。

张华有做互联网产品的丰富经验，他在创业初期的主要职责就是带领团队，针对不同场景做产品细节的微调。

早期，技术团队基于海外大模型产品做开发，后来国家开始出台监管措施，推出大模型备案制。团队经过研判，认为从用户使用方便性和后续开发便利性的角度考虑，应该基于国产大模型做技术开发。

当时阿里云开发的大模型产品处于国内领先水平，张华决定全部改用阿里云通义系列产品，故事生成使用通义千问，图片生成则用通义万相，同时他们也采用开源模型自己去走备案的模式。

让整个团队十分欣喜的是，使用通义系列产品后，童语故事的技术开发变得更为便捷流畅。此外，阿里云提供的云计算服务也让他们非常省心，不仅性能优异、价格实惠，而且综合性的系统化能力很高，整个公司每个月的 IT 开销不到 1 万元，大大降低了创业成本。

童语故事产品的内核是能够让大模型生成一个适合孩子的故事，这也是决定用户停留时长的关键因素。张华为此找了一位行业内的幼儿故事作家，希望对方从专业的角度为好故事设定不同的衡量标准。

幼儿故事作家设置了三条基准线。第一条基准线是为故事设立明确的主题。众所周知，孩子们在不同年龄阶段里的认知需求不同，2~4 岁的重点是认知物体、形状和人物，4~6岁可以认知一些情节，6~9岁则可以认知更复杂的角色和场景，需要根据不同年龄段孩子的需求设置相应的主题。

第二条基准线是为故事设立一个明确的主角。只有围绕这个明确的主角，孩子才能听懂这个故事。

最后一条基准线是故事必须能够产生共鸣。既要让孩子，也要让家长理解和认可这个故事。

根据这三条基准线，他们设置了20多个关键词，只要用户把自己选择的关键词给到大模型，就能生成他们想要的故事。

张华还特别提出另一个关键要素：一个故事要吸引人，必须让孩子有代入感。他想起之前给女儿制作的绘本之所以让她喜欢，一个重要原因是故事里的主角是她自己。童语故事也重现了这一功能：研发团队借助数字分身技术把孩子的真实头像融入故事，孩子自己也可以成为故事里的主角，通过人物和故事的场景整合，让整个故事更有吸引力。

在故事呈现上，童语故事也想尽办法满足不同用户的需求。它既能以图文的形式呈现，也会按照用户需求生成短视频。甚至短视频里自带的配音也可以调换，家长们可以参与二次创作，他们可以用自己的声音，让故事听起来仿佛是爸爸妈妈在给孩子亲自朗读一样。

把产品打造成 AI 家庭助手

2023年7月6日，童语故事正式在微信小程序上线，随后又在淘宝小程序上线。令整个团队兴奋的是，虽然没有做大规模推广，但依靠口碑传播，产品大获好评，用户数迅速攀升，一些家长甚至成为童语故事的重度用户。

家长们第一次发现，人工智能竟然有如此大的"魔力"：他们只要输入简单的故事概要，添加主角，选择风格，就可以生成一个自己孩子做主角的绘本故事。

并且这款产品的使用体验也十分顺畅，3秒出标题，15秒出简介，30秒出完整内容，这也完美实现了张华对产品的期待——"尽量让用户每一秒都能看到新内容，觉得有所得"。

一位深圳家长的反馈让张华深受感动。他家有两个男孩，一个8岁，一个5岁，"他们特别喜欢各种工程车，但市面上根本找不到关于工程车的绘本，你们这里只要一句话就能做出来。孩子们喜欢得不得了"。

产品最开始上线时，用户的使用时长平均是3分钟，此后不断增加，到了2023年11月底已经达到近10分钟，有不少用户都使用超过1个小时。目前，童语故事在国内同类产品中的领先优势已经十分明显，而且从用户停留时长看，它在全球范围内也可以排进前三。

不可否认，产品需要改进和迭代的细节还有很多，比如目前童语故事只支持在手机上浏览，张华透露未来还会推出平板电脑版，也会支持直接将绘本打印出来。

童语故事的用户画像十分明确，即2~9岁孩子的家长。一些家长提出，可以将孩子们喜欢的一些知名故事引入平台，比如《猴子警长探案记》，这样会对孩子更有吸引力。张华很认可这个方向，公司已经开始跟一些出版社和知名作者洽谈合作，进行二次创作。

在完成迈向成功道路的第一步后，张华已经对未来有了清晰的规划：童语故事希望将家庭场景的互动做透，不仅推出多人联合创作故事等功能，也希望把产品打造成AI家庭助手，让它能更好地为家庭提供生活知识百科等服务。

童语故事的另一个规划是出海，将产品推向全球，因为张华觉得，"从全球来看，每一个家庭的孩子，其实都是家里面最重要的生活焦点"。

为此，公司已经与阿里云展开密切合作，将依托对方全球化的组织架构，帮助童语故事在东南亚等地区运营。此外，手机制造商传音的客户也主要在海外，童语故事计划与传音进行联合运营，把产品搭载到对方的手机上，直接在海外销售。

张华对未来海外市场的打法已经心中有数："早期我们希望去一两个国家试点，了解产品真正推广到另一个国家需要做什么、对应的组织流程是什么、业务操作流程是什么、涉及的一些核心问题等。等到把一两个国家的链路搞清楚，用户数上来之后，再大规模向其他国家推出。"

在童语故事的整个业务发展规划中，阿里云的重要性日益凸显。目前，除了使用通义系列大模型，童语故事的全部服务系统都架构在阿里云之上，未来出海后，服务、内容审核等也会在阿里云系统里进行。随着文生视频能力的越来越强大，童语故事也在与阿里云共同开发原生视频的生成能力。

毫无疑问，随着大模型的发展，童语故事生成故事的精准度一定会越来越好，但是张华清楚，"从体验来看，AI 只是起到辅助创作的作用，因为大模型不可能知道我们每个个体的生活经历"。

无论人工智能如何在童语故事里应用，张华说他始终不会忘记创业的初心和愿景，"希望童语故事真正能够服务于每一个家庭，让孩子们健康成长"。

妙鸭相机和童语故事都是从生活中的一个小场景切入，一个是社交，一个是亲子教育，但都得到了用户十分正面的反馈。要知道，在 AIGC 出现之前，人们普遍觉得制作一个跟自己声音、语气、动作等高度接近的数字分身，没那么必要。但是，当数字分身在虚拟明星、陪伴陪聊、电子商务、智能助理等越来越多的细分赛道中出现时，我们意识到它的巨大应用需求。这充分表明，AI 会以我们想象不到的方式重塑我们的生活。

中科深智：多模态大模型让数字人走进现实

"大鹏一日同风起，扶摇直上九万里。"一位栩栩如生的少年李白出现在上万名观众的眼前。这位少年风度翩翩，能如数家珍地吟出李白的经典诗作。用户还可以拿起话筒，与他进行实时互动，现场创作对诗，实现一场跨越千年的对话。

上述场景并非出现在动画或游戏中，也没有真人演员参与，而是 2023 年云栖大会上，由阿里云和中央广播电视总台数字文化艺术博物馆（央博数字平台）联手打造的首届"数字李白展"的场景。阿里云创新中心总经理李中雨介绍，数字人少年李白是科技与文化"握手"的一次全新尝试，阿里云会持续为文化产业企业提供算力支持和开放的大模型生态，不断提升文化产业基于云的影响力，助推文化产业数字化发展。

为数字人李白提供技术支持的公司是中科深智，一家专注于利用生成式 AI 赋能数字人领域的初创企业。

来自《未来学大会》的灵感

中科深智这家公司名称的由来，是公司的创始人团队都来自中国科学技术大学。CEO 成维忠在创业前一直深耕游戏领域，另一位合伙人则专注在图形图像领域。

根据成维忠的回忆，团队创业的灵感来自一部法国电影《未来学大会》。电影讲的是，一位知名的女明星为了照顾患病的儿子，同意让电影公司录制下自己的虚拟形象，让数字分身代替自己出演电影。电影对数字人以及虚拟世界天马行空的描绘，让成维忠大受启发。草蛇灰线，伏脉千里,中科深智后来专注于数字人领域的战略方向,也与这部电影有着千丝万缕的联系。

2015年,当成维忠和小伙伴寻找创业方向时,移动互联网的竞争格局已经基本稳定下来。成维忠的判断是:"留给初创公司的机会已经很少了。"因此,团队瞄准的是下一代互联网。游戏动画行业的经验,加上科幻电影在数字分身和虚拟世界方面对他的启发,让成维忠相信,数字人将是下一代互联网的UI(用户界面)。彼时,还没有后来大火的元宇宙概念,但当时公司的几位创始人相信,在下一个互联网时代,人们不再仅仅依靠文字或者影像与他人互动,而是拥有一个数字分身。而谁能掌握数字人的生成技术,谁就会掌握人们通往虚拟世界的入口。

正是这个超前的预判,让公司接连踩中了"元宇宙"与"大模型"这两个巨大的风口。元宇宙是数字人大面积应用的场景,而大模型则是让数字人更强大、更逼真的最佳工具。不过在2016年公司成立时,生成式AI和大模型还没有像后来一样爆发。那时制作数字人主要依靠动作捕捉技术。动捕的优势是真实自然,非常贴近真人的行动。但劣势也非常明显,那就是成本居高不下。这导致后期有很多公司会用预制的动作库来降低成本,导致数字人行动单一且不够自然准确。成维忠表示:在进行人机互动时,一旦对话内容"有点超纲",数字人就无法做出适合的反应,非常呆板。因此,在2019年底,中科深智确立了以基于Transformer技术的动作和表情生成为核心研发方向,并启动了相关算法的研发工作。

AI驱动下的动作表情与大模型的完美融合

2020年GPT-3的发布让团队对大模型的智能涌现能力刮目相看,也让团队思考,能否利用大模型技术让数字人更加自然逼真。而2022年

ChatGPT 的发布,更是让团队迅速做出决策,全力投入大模型赋能数字人领域。

2022 年 3 月,中科深智成功推出了 Motionverse 多模态动作生成驱动平台,这是一个完全由 AI 驱动的平台,能够根据数据训练实时生成与语义相匹配的动作和表情。

在大模型的帮助下,中科深智的"云小七"交互数字人一体机可以实现替代真人的自主交互。数字人不但可以理解人们的语音,还可以自动生成语言回复以及与之匹配的表情和动作。

助力云小七进行语言推理理解的,正是阿里云 AI 开源大模型。不过在刚刚进行技术转型时,公司还开发了自己的大模型"数智姜尚"。"当时做大模型的原因倒不是要跟大厂和现在一线的创业者去竞争,而是为了实现数字场景应用闭环。让数字人不但具有思考能力,也具备动起来的能力,大小脑完备,才能成为真正的数智人。"成维忠回忆道。

当时摆在中科深智面前的现实问题是找不到合适的中文开源大模型。这带来的问题有两个。第一,虚拟人需要交互的及时性,如果找不到好的开源模型,这个目标实现不了。第二,公司需要在开源模型上对虚拟人的动作表情进行多模态的继续训练,成维忠担心会错过时间窗口。

成维忠的判断是,最晚 2024 年会有很多好的中文开源大模型,到时他们会把相关工作平移到开源的模型上去。出乎他意料的是,中国的大模型市场和技术,特别是阿里通义大模型系列的发展,比他们想象的要快得多,这也促成了中科深智和阿里云的密切合作。

直播带货是电商领域目前最火热的场域,也成为数字人主播发挥能力的天地。中科深智利用大模型对过去以动作库为基础的预先制作产品进行了全面升级,推出了 AI 数字人直播带货产品"全能智播",尤其强化了数字人与用户的交互能力和场控能力——数字人可以实时分析直播间的弹幕内容，根据用户需求实时调整解说策略，大幅提升效率。

据悉，全能智播的语言模型同样使用的是阿里云的 AI 开源大模型。目前全能智播可以为商家提供高效的答疑服务，特别适合同时在线 20~30 人的商家，为其提供实时交互功能，提升用户满意度。

除了眼前的直播带货，还有远方的元宇宙

做下一代互联网的接口和 UI，仍旧是成维忠的星辰大海。"元宇宙的发展之所以受限，不是硬件的问题，"成维忠认为，"而是因为内容的缺乏。"而大模型强大的生产能力将完美解决这个问题。

在元宇宙中，不同场景需要不同的驱动技术，很难有某种单一动作和表情驱动技术能解决所有虚拟人的动作和表情驱动问题。因此，中科深智打造了 Motionverse 多模态动作生成驱动引擎，该引擎融合了 XR（扩展现实）和 AI 技术，可以用传感器、语音、视频等多种方式让虚拟人动起来，随时与用户互动。

以 Motionverse 为中台，中科深智既推出了各类软件开发工具包，为各类元宇宙和虚拟人应用开发赋能，也能够快速推出针对特定场景的应用产品，比如"云小七"和"智能播"等新型产品，切入实际应用场景。

成维忠相信："未来元宇宙的场景中将有千亿数量级的数字人。"这些场景产生的数据还会反过来赋能大模型，让内容生成能力更强大。到那时，成维忠掌握下一代互联网接口的愿景才能真正实现，而中科深智将不断朝着这个方向努力前进。

第三章

AI 场景创新方法论：
从大学到大厂

通用人工智能正在从技术梦想一步步走向现实。2023年，ChatGPT成为用户数最快达到1亿的应用。在to B（面向企业）领域，大模型的渗透速度也不遑多让。

大模型技术落地应用呈星火燎原之势，大模型应用将给人类的工作、生活带来翻天覆地的变化，同时也会深刻影响科学研究与产业发展的进程。

根据2023年第三季度Gartner（高德纳）针对1400名企业领导者的调查，有45%的人表示他们的组织正在试运行或试验生成式AI技术，另有10%的人称他们已经上线了相关的解决方案。而在2023年3月至4月，有70%的组织仅处于对生成式AI技术的探索阶段，只有4%的组织已将其投入实际使用。这表明，在短短几个月的时间里，众多企业在采用生成式AI方面取得了显著进展，从最初的调查研究迅速过渡到试点与实际应用阶段。

这10%的领先企业在用AI做什么？它们是如何将AI与场景结合起来？它们如何利用AI实现业务创新？这些是所有企业关注的问题。

在本书的创作过程中，我们对大量已经在使用大模型创造业务价值的领先企业和院校机构进行了访谈，总结发现，它们在多个方面发挥了AI的强大作用，正给生产力带来根本性变革，以颠覆性的力量重塑人类生产生活方式。大模型的强大数据处理和学习能力打破了知识与技能壁垒，促使企业和个人以前所未有的速度实现创新创造。

个人生活／工作助理

人工智能终端设备将准确理解人类意图，我们生活中习以为常的产品形态可能发生变化，会有更智能的下一代产品进入日常生活。2024年将是人工智能大模型的落地应用元年，手机、电脑、汽车等产品将启动智能化升级，各种崭新的智能设备未来会进入千家万户。大模型对数据强大的总结和提炼能力，可以帮助企业创造全新的服务体验和千人千面的定制化服务。例如吉利汽车、斑马智行和智己汽车等，正在通过新一代智能助手和智驾系统，为消费者创造全新的服务体验。

创意和内容创新

生成式 AI 天生具备强大的内容辅助创造能力，改变了内容的生产方式，从漫长创意构思周期到分钟级产生多个创意，从手动写作到秒级生成文章，重新定义内容制作的全流程，也大幅节约内容制作时间，撬动了内容吸引力和互动性的质变。例如喜马拉雅正在使用大模型辅助用户创造大量 UGC（用户生成内容），大大丰富了平台的内容生态，增加了用户黏性。

科学研究新范式

大模型的爆发也让科研 AI 取得了突破性的发展。一种新的科研方法正在出现——生成式 AI 可以提出新的科学假设，再去自行验证，从而大大提升科研的效率，拓展人类在科学研究中的边界。中国工程院院士、阿里云创始人、之江实验室主任王坚博士表示：科学研究是"假设驱动"，而"假设"来自研究人员阅读文献或其他研究方法。今天，有了数据，可以帮助研究人员做很多"数据驱动"的假设，但"数据驱动"并不是以简单的数据去解决以前的假设，而是通过数据推动产生了以前没有的假设。复旦大学基于云上科研智算平台 CFFF 训练出的拥有 45 亿参数的伏羲气象大模型，可在 3 秒内预测全球 15 日内天气。深势科技开发的大模型则突破 AI 蛋白质预测模型的推理性能瓶颈，支持最高 6600 长氨基酸序列蛋白质的预测计算，理论上可以大大提升药物研发的成功率。

公共服务新体验

政府部门借助智能化的咨询、引导和对话式办事模式，为民众提供更专业的信息服务和更便捷的办事体验。例如，依托通义千问大模型，政府可以搭建企业服务人工智能平台，为企业量身定制政策全览、项目申报、资金申报等服务事项，提供全天候、智能化的应答服务，实现涉企服务更精准、营商环境更优化。而 2023 年杭州亚运会，更是一场国际大型赛事活动在云上实现智能化的集中展现，核心系统和应用服务的云上打通，为亚运会各类智能应用提供云底座支持。

第一节
一触即发的"AI 应用大战"

世界著名科技杂志《连线》的创始主编凯文·凯利素以对互联网未来发展趋势的精准预测而蜚声世界。20 世纪 90 年代，凯文·凯利就成功预见了 web 2.0 时代的到来，他后来也坚定地认为"去中心化"是互联网发展的趋势。事实证明，他预料的果然都应验了。

2023 年 4 月，凯文·凯利的最新著作《5000 天后的世界》推出中文版，彼时全世界正在痴迷于生成式 AI 产生的巨大可能性之中。在这本书中，凯文·凯利再次大胆地预测，未来将会是一切都连接着 AI 的世界，他将其称为镜像世界（mirror-world）。

如果真如凯文·凯利所言，未来世界的一切都将与 AI 相连，那么 AI 到底会怎么一步一步改变这个世界？哪些场景会最先被 AI 重塑，甚至被颠覆？这恐怕也是自 ChatGPT 爆火以来许多人的疑问。

AI 改变世界其实是从一点一滴开始的，我们可以从身边一个耳熟能详的应用软件——钉钉说起。钉钉是阿里巴巴集团打造的企业级智能移动办公平台，自 2015 年上线后逐渐成为数字经济时代企业组织协同办公和应用的最主要开发平台之一。

面对人工智能大潮，钉钉第一时间就锚定了智能化转型的大方向。2023 年 4 月，钉钉宣布接入通义千问大模型，开启全面智能化战略；当年 8 月，钉钉智能化全面进入生态层，它不仅将智能化底座 AI PaaS 开放给生态伙伴和客户，还推出基于 AI PaaS 的创新产品"数字员工"，以及多款智能化场景方案和智能化行业方案；2023 年 11 月，钉钉 AI 的 17 条产品线、60 多个场景、近百项 AI 技能全面向用户开放测试。

2024 年 1 月 3 日，钉钉联合国际知名咨询机构 IDC 发布的《2024 AIGC 应用层十大趋势白皮书》（以下简称《白皮书》）披露，作为国内最早接入通义千问大模型的办公应用，钉钉有 7 亿用户，是目前国内用户规模最大的 AI 应用之一。截至 2024 年 1 月，钉钉 AI 的 17 条产品线已完成智能化改造，向用户提供近百种 AI 技能。用户可以使用它做问答、聊天、搭应用、数据分析、系统构建等工作，已经有超过 70 万家企业启用钉钉 AI 功能。

钉钉在人工智能领域的创新性实践有很强的借鉴意义。中国工程院院士邬贺铨在为《白皮书》作序言时指出，AIGC 的应用要融入企业运营、紧贴应用场景，解决应用落地的"最后一公里"问题，中国是网络大国，也将是 AI 应用大国，以钉钉为代表的国内 AI 应用厂商已经在 AIGC 应用落地方面做出了有益的尝试。

除了钉钉，AI 已经重塑诸多行业及场景。比如在搜索领域，微软率先将 ChatGPT 引入必应搜索，使其原本默默无闻的搜索业务瞬间得到拉升，而原本的搜索巨头谷歌也不甘示弱，推出 AI 聊天机器人 Bard 予以正面回击。国内搜索引擎百度也应声追赶，推出了它自己的智能聊天机器人百度搜索 AI 伙伴。

搜索领域的"AI 应用大战"是个很典型的案例，事实上，无论是国外的 OpenAI、谷歌、微软，还是国内的阿里巴巴、百度、腾讯、华为等科技巨头，都在争先恐后地将人工智能技术应用于诸多场景之中，它们已经开发了诸多应用（程序/插件），在教育、办公、医疗、金融、法律、市场营销等方面掀起了一波效率革命。

据 IDC 报告，2022 年中国人工智能行业应用渗透度排名前五的行业依次为互联网、金融、政府、电信和制造。另外，AI 为自动驾驶、交通物流所赋予的价值也不容忽视，麦肯锡在 2022 年 7 月时预计，AI 将为交通领域创造 3800 亿元的经济价值。微软创始人比尔·盖茨在 2023 年底预测，2024 年将是一个转折点，AI 的应用将会加速，"AI 将从根本上改变工作、医疗保健和教育领域"。

盖茨的话果然很快应验。2024 年 2 月 16 日，农历大年初六，中国人还在享受惬意的春节假期时，AI 技术的又一变革再次震惊了全世界：OpenAI 最新发布了文生视频工具 Sora，它超越了市面上所有的类似软件，能将文字描述生成的视频延长到史无前例的 60 秒，视频的质量也极高，包含多角度镜头、充满感情的角色和高度拟真的细节。

Sora 的出现意味着虚拟和现实的界线变得更加模糊，许多行业会因此发生翻天覆地的变化。360 创始人周鸿祎坚定地认为，Sora 可能颠覆广告业、电影预告片、短视频行业，"把电影工业的效率提升 100 倍"。业内人士还认为，教育学习、新闻社交、科学研究等领域也可能会遭受 Sora 指数级的巨大冲击。

当然，在人工智能的能力越来越强，已经能和人类一样开始写作、画画、做视频、出报告时，对其带来风险的讨论也一直不绝于耳。特斯拉创始人埃隆·马斯克曾说过，人工智能构成了对人类"最大的威胁之一"，他认为 AI 是一种"生存风险"，因为人类第一次面临着"比我们聪明得多的东西"。物理学家霍金在生前也曾说过：人工智能是人类的终极敌人。

但支持人工智能的更是大有人在。英国自由民主党前领袖、现任元宇宙平台公司 Meta 全球事务总裁尼克·克莱格（Nick Clegg）则表示，AI 对于人类的风险被"夸大"了，他将人们对 AI 造成危险的担忧比作

20世纪80年代对电子游戏的"道德恐慌"。

凯文·凯利也对AI的前景持乐观态度，认为"AI并不会扩大贫富差距"。他说："虽然现在有很多的担忧和顾虑，但我相信互联网和科技对世界的改变，一定意味着一个积极的未来。"

AI到底是敌人还是朋友，从本质上来说，这个问题并不重要，我们现在也无从回答。正如凯文·凯利所秉持的那样，我们需要对技术持乐观态度，只要人工智能对世界产生积极的影响，为人类塑造一个积极的未来，我们便乐见其成。

我们看到的是，产业龙头企业积极拥抱变化，依靠云计算提供的强大计算、存储、大规模集群管理等能力，支持人工智能算法对海量数据进行处理和分析，同时一站式AI开发平台所提供的工程化能力也使得大模型的开发和部署更加便捷，从而迅速将AI应用在生产和生活的各个领域，让AI为人类所用。我们也将从科学研究、新能源汽车、国际赛事、互联网、零售领域入手，观察产业龙头企业在每个场景中，如何将AI落地。

第二节
一场由 AI 发起的科研变革

2023年9月1日上午,上海阳光普照。在复旦大学邯郸校区光华楼前的大草坪上,时隔近20年,复旦大学第一次在户外举行了开学典礼。复旦师生们异常开心,在户外的阳光下开启了一个崭新的学期。

然而在开学典礼前三天,上海连续降雨,一些师生担心开学典礼能否顺利召开,但校方却对9月1日天气会转晴十分笃定。"'伏羲'说:今天上海不下雨。"在开学典礼上,中国科学院院士、复旦大学校长金力的解释,引起现场师生一片掌声和欢笑。

金力校长说的"伏羲",是指复旦大学人工智能创新与产业研究院联合大气与海洋科学系基于学校自有的云上科研智算平台CFFF,训练出的拥有45亿参数的伏羲气象大模型。金力介绍:"这一模型能成功预报未来15天的全球天气情况,每次预测耗时3秒以内。"

普通人可能并不了解CFFF,这个于2023年6月发布的科研智算平台,简单来说就是复旦大学与阿里云、中国电信共同打造的科研"超级计算机"。它提供了超千卡并行智能计算能力,可支持千亿参数的大模型训练。

这不仅在国内高校中尚属首例,也领先于一些国际知名高校。王坚评价:"第一次,高校拥有了和科技巨头一样的计算能力。"

AI for Science(人工智能驱动的科学研究,亦称AI4S)正在让人工智能与各个科学领域紧密结合，创造新的科学知识和技术创新，而 CFFF 平台的出现，让这种全新的科学研究方法正式走进了大学校园。

复旦大学：打造中国高校首个"科研超级计算机"

人工智能科学家漆远，曾任美国普渡大学计算机系和统计系终身教授。2014 年回国后，他先是担任阿里巴巴副总裁，后来到蚂蚁金服公司工作，作为公司的首席数据科学家，他一手创建了蚂蚁金服的人工智能团队。

2021 年，暌违 7 年之久，漆远重返校园，成为复旦大学浩清特聘教授，担任人工智能创新与产业研究院院长。在复旦大学工作后，他很快发现一个现象：高校跟工业界很不同，老师们习惯单打独斗，搞科研时往往是分散进行的，但是如今人工智能的发展，要求相关科研工作必须有强大的算力来支持。

与此同时，复旦大学本身拥有强大的科研基础能力，文科、理科、基础科研、医学、生物学、化学、材料科学等领域，也正面临着人工智能带来的范式变革——在向 AI for Science 的方向迈进时，也需要一个底层的计算平台提供算力支持。

"不光有传统的 CPU，同时也有海量的 GPU，然后把它们统一起来，这样才能真正地把工业化的能力放在高校里面。"漆远认为。

正是基于学校的各种算力需求，一个在中国高校里史无前例的超级智能计算平台开始酝酿生成，它就是 CFFF。

从 2022 年 10 月启动，到 2023 年 6 月 27 日正式上线，历时 8 个多月时间，复旦大学 CFFF 云上科研智算平台打造成功。

王坚在阐释 CFFF 平台的英文释义 "Computing for the Future

at Fudan"时说:"它很重要的一个意思是'计算因为在复旦而创造了未来',复旦也因此成了世界上独一无二的存在。"

跨越1500公里的数据传输

从计算集群划分的角度看,CFFF平台由两部分组成:面向多学科融合创新的AI for Science智能计算集群"切问一号",以及面向高精尖研究的专用高性能计算集群"近思一号"。"近思一号"部署在复旦大学江湾校区,而"切问一号"则托管在1500公里之外的阿里云乌兰察布数据中心。

之所以将两个计算集群分开部署,一个重要原因是出于电力绿色计算的考虑。乌兰察布是国家"东数西算"的节点,将"切问一号"远离上海部署,做一个简单的算术便可发现,每年可以节省200多万千瓦时的电,减少1300多吨碳排放。

CFFF平台在算力设计上也非常有弹性。"近思一号"主要对内,"切问一号"则与公共云相连,一旦平台本身算力不足,可以立刻补充调用公共云的算力。

漆远之前打造过蚂蚁金服金融知识图谱,他来到复旦后却发现,这个中国商业领域最大的知识图谱的数据量与科研机构的数据量不可同日而语,"整个图谱的数据量只有几个PB[①],但在高校里,比如复旦大学的DNA基因数据就接近上百PB。这是一个非常令人震惊的规模,更需要对数据进行优化存储和分类管理"。

由于数据量极为庞大,CFFF平台专门设置了国内高校最大规模的多级数据冷热分层存储集群。一般来说,热存储的数据需要经常快速访

---

① PB:petabyte,计算机存储容量单位,1PB=1024TB。

问,主要用于缓存和实时数据处理,以便快速访问;冷存储的数据则不太需要频繁访问,主要用于长期归档和备份。

CFFF 平台的多级数据冷热分层存储能把所有数据统一管理,将不同热度的数据放到不同的数据存储池,同时降低读写成本,极大提高了科研时调取数据的效率。

虽然日常使用数据量惊人,但"近思一号"和"切问一号"之间部署了 100G 的光纤,可以实现数据毫秒级的传输。漆远解释:"普通人是感觉不到延迟的。虽然相隔千里,使用上其实跟在隔壁机房没啥区别。"即便是 PB 级的数据,也当天就可从复旦校内安全地传到"切问一号"。

通过与中国电信合作,CFFF 平台能够在邯郸、枫林、江湾和张江四个复旦校区实现连接,四校区的所有实验设备都能高速接入,做到计算任务统一管理、多元算力统一调度,可同时支持不同场景下的多个科学智能研究与应用,满足校内多学院共同使用平台进行科研的需求。

从"单打独斗"到"有组织科研"

CFFF 平台的建成,让整个复旦大学都欢欣鼓舞。因为这个平台不仅能极大提升科研效率、降低科研成本,加速科学原理发现和技术突破,还能有力地推动科学大模型的落地。

在 CFFF 平台内部测试期,就诞生了第一个科研成果。漆远教授团队联合复旦大学大气与海洋科学系张峰教授团队,共同训练出拥有 45 亿参数的伏羲气象大模型。

该模型不仅首次将基于 AI 的天气预报延长到 15 天,而且预报精度在评测集上首次达到欧洲中期天气预报中心集合预报的集合平均水平,显著优于欧洲中期天气预报中心的确定性预报。漆远透露:"预报时间越长越难,就像金融市场一样,没有人能够精准预测金融市场,但是我能说的是，我们比目前最好的天气预报还要准。"

人工智能创新与产业研究院研究员李昊感叹："基于CFFF平台的千卡并行智能计算，这样规模的大模型只用一天就完成了训练，这是传统计算平台很难做到的。"

伏羲气象大模型不负众望，很快就展现了它的超强预报能力。如同前文所述，为了确保新学期开学典礼的顺利举行，伏羲气象大模型团队成员连续三天，通过将下载的全球大气状态输入伏羲模型，预测未来15天的天气状态。经过对预测结果的综合分析，团队成员认为开学典礼当天大概率不会下雨，这也给了校方坚持在户外举办开学典礼的底气。

此外，基于伏羲气象大模型得出的天气预报，在大宗商品物流、航运、农业等领域都极具参考价值，目前已经有航运巨头找到漆远寻求合作。

2023年6月27日，CFFF平台正式上线，从此以后，复旦大学不同院系的科研需求都可以在这个平台上实现，它既支持生命科学、大气科学、材料科学等基础科学的研究，也支持金融系统分析等社会科学的研究。

不同领域的研发人员都对这个平台充满期待：生命科学领域，希望用AI进行表型组学分析；生物制药领域，则希望以AI赋能制药全流程；材料科学领域，迫切地想用AI加速第一性原理的计算，并进行材料合成路径的预测。

中国科学院院士、计算凝聚态物理学家龚新高教授期望的是，借助CFFF重构计算物质科学框架，开展材料量子性质预测，进一步揭秘物质世界、认知物质科学。龚新高认为AI在物质科学研究上有巨大的潜能，"人们过去做了很多努力，但还是只能解决几十个原子的排列问题，而现在使用AI的办法，就可以在效率上提高多个量级"。

截至2023年12月，来自复旦大学31个院系的100多个科研团队开始使用 CFFF 平台提供的强大算力。人工智能的确让复旦诸多学科的科研效率得到大幅提升，更重要的是科学大模型的研发进度明显加快。

"生命科学、材料科学、计算机这三个领域的老师，长期排在使用 CFFF 平台算力的前三名。"漆远在 2024 年 2 月下旬告诉我们。

漆远对外透露，目前在 CFFF 平台上训练的许多大模型都取得了进展，化学分子预训练大模型可预测候选化合物的成药性和安全性；千亿参数规模的医疗大模型针对医疗场景深度定制，形成了覆盖就医全流程、多场景的医疗 AI 专业能力，可助力诊疗智能化。

事实上，大科学时代的科技创新已经慢慢摒弃"单打独斗"，而更加强调"有组织科研"，CFFF 平台的建成正契合了这一点。金力校长说："通过布局建设大平台，在重大科学问题、工程技术难题和产业技术问题领域凝聚资源，形成科研集群力量长时间持续攻关。"

近些年来，由于不具备企业拥有的以计算为基础的研究平台，美国高校中的许多一流科学家都去了工业界。CFFF 平台的建成起到了一个很好的示范作用，这意味着在中国，也在全球，高校第一次拥有跟今天的领先企业接近的、能支撑科学研究的计算平台。

推进 CFFF 向社会各界开放

CFFF 平台建成的重要意义，恐怕许多年后才会被更多人理解，因为它在根本上改变了高校里科学研究的方式。

19 世纪最重要的实验物理学家之一法拉第在 100 年前曾对科学研究做过一个清晰的界定，即由工作（work）、完成（finish）、发表（publish）三部分组成。

100 年后的今天，这一切似乎并没有发生变化。在高校里，计算平台之于科学研究的重要性，除了工作、完成任务和发表论文，王坚认为还需要更多的"开放","CFFF 是一个开放的平台,会是学校老师、学生做科学研究不可分割的一部分"。

这种"开放"不仅是针对校内师生科学研究的开放,也包括对校外社会各界进行科学计算的开放。

作为 CFFF 平台的保障和管理机构负责人,漆远院长已经注意到,目前无论是复旦校内还是校外,对于算力的需求都在持续扩大,包括刚成立的上海人工智能研究院等校外科研机构都需要 CFFF 平台提供算力支持。

"我们希望 CFFF 平台能够作为一个支点,帮助更多的科研机构去理解世界上各种各样的模型。"漆远说。

毫无疑问,向复旦校外的科研机构、高校、医院、高科技企业等开放,已经成为 CFFF 平台未来的发展方向之一。CFFF 的算力水准已经处于高位,继续扩大规模势在必行。

此外,复旦大学人工智能创新与产业研究院也会针对 CFFF 平台提供更多深度学习工具,帮助不同领域的科研人员训练他们的大模型。"我们希望一些不懂 AI 的人,能通过比较简单的工具,只需要用拖拉拽的模式就能把平台用起来,"漆远说,"就像用 Word 文档一样简单。"

CFFF 更远大的目标是推进 AI 的民用化和普惠化。简而言之,当"拖拉拽"的模式逐渐成熟,就可以将其沉淀成具体的流程,打造成模板供更多人使用。"进而把人工智能变成一种思维模式,变成一种新的工具,推进科研范式的变革。"漆远说。

事实上,CFFF 平台正在以各种方式推进科研范式变革的进程。

2023 年 11 月 30 日,首届世界科学智能大赛落幕,这是复旦大学与上海科学智能研究院基于 CFFF 平台开放能力,联合阿里云等机构组织的面向 AI for Science 挖掘顶尖创新人才的比赛。

大赛历时 5 个月，集结了来自全球 18 个国家与地区的 11 653 名选手，其中有 530 支团队取得了超出传统方法的成果。

作为本次大赛评委会主席，漆远认为："以首届世界科学智能大赛为起点，相信未来有更多人会了解 AI for Science，也期待科学智能领域能够在所有优秀人才的推动下形成充满活力的发展生态，焕发出熠熠创新之光。"

当 AI for Science 日益表现出突破传统科学研究能力瓶颈的巨大潜力，正在成为全球科学研究新范式时，CFFF 平台的重要性也越发凸显。

王坚认为："CFFF 平台的出现让科学研究真正进入了广义的开放平台时代，进入了计算驱动的时代。而这个时代，才刚刚开始。"

深势科技：以科学研究新范式，探索 AI 产业化

如果说 CFFF 平台的出现让中国高校的科学研究产生"鲶鱼效应"，那么截至 2023 年 9 月采访时，创立刚满 5 年的深势科技，则为产业界在 AI for Science 上的探索开辟了一条没有人走过的道路。

关于深势科技的故事，还要从几年前的北京大学校园说起。

2018 年夏天，在普林斯顿大学攻读博士学位的张林峰，利用暑期回到了读本科时的母校北大，住在正在学校读研的孙伟杰的宿舍里。他们两个是要好的朋友，也是本科同窗，都曾就读于北大元培学院。只是当年他们的专业完全不同：张林峰学的是数学、物理、计算机，而孙伟杰则主攻政治经济学和哲学。

两人从未在一起上过课，但按照孙伟杰的话说，"上课以外的几乎所有时间，都在一起"，他们无话不谈。

这一次，张林峰在闲谈时提到，自己在 2017 年读博士一年级时完成

了一个化学领域的重大发现，成功地用 AI 学习量子力学的物理方程，求解出原子间、分子间相互作用的基本原理。如果用通俗的语言解释，就是用 AI 发现了一个科学规律。

孙伟杰听后异常兴奋，他认为人工智能会具有非常强大的能力，能让复杂的高维计算问题变得可计算，有可能找到一个推动世界进步的创新点。

行文至此，许多读者可能并不太了解张林峰的发现到底有何厉害之处。要讲清楚这个问题，需要回到第一性原理。第一性原理的概念源自古希腊哲学家的逻辑学说，尤其是亚里士多德提出的观点："每个系统中存在一个最基本的命题，它不能被违背或删除。"

我们都知道，科学计算就是从第一性原理及实验观测出发，将不同尺度现实世界发生的事情映射到计算模拟的世界中。但当下科学计算的瓶颈是，在经典计算机计算模式的约束下，算法面临着"维数灾难"的问题。

而张林峰的发现恰恰有效证明了 AI 能够助力解决科学计算中的维数灾难问题，将不同尺度的物理模型有效连接起来；而物理模型的演绎能力又能产生更多数据，从而推动生成更好的 AI 解决方案。

读博一年，张林峰就取得如此非凡的成绩，这让美国学术界都为之震惊，他的导师和应用数学系主任都认为，普林斯顿大学已经没有什么能教给张林峰了，他也不必继续读博，可以直接去当老师。

2018 年的那个夏天，在北大学生宿舍里，孙伟杰对老朋友的发现很感兴趣，当时他正在做一些早期投资，对 AI 只有一些模糊的认识：AI 本身的价值是由它学到的规律的价值决定的，而世界上价值最高的规律便是人类经过长时间科学研究沉淀下来的科学规律；如果 AI 能学到这些规律，就能理解整个世界运行的最底层逻辑，从而预测世界发生的所有现象。

当时孙伟杰不确定 AI 学习科学规律的全部使用场景，只是隐约觉得它一定可以应用于药物化工等新材料领域。他和张林峰约定，各自再进行一些学习和准备，张林峰通过博士研究把理论做得更扎实和完整，孙伟杰则做一些行业调研，探讨 AI 在应用层面的可行性。

他们想要做一家源自中国、影响世界的科技型企业。

他们用 AI 切入产业界的想法无疑极具前瞻性，从整个大势来看，AI 产业化已箭在弦上。2018 年，移动互联网的系统性红利已经见底，社交领域内微信、QQ、新浪微博三款应用仍占据头部阵地，小红书作为后起之秀也成绩斐然；短视频开始越来越受国人欢迎，抖音展现出强势地位；美团在本地生活领域越做越大；电商中的阿里巴巴虽然依旧是霸主，但已经受到来自拼多多、京东的挑战。

人工智能是当年的热门话题之一。无论是新兴互联网公司，还是一众手机厂商、传统制造业企业，都已经嗅到 AI 时代即将到来，它们虽然看不清潮水的方向，但已经有意识地在借助 AI 为产品和应用带来改变。

孙伟杰作为一名早期投资者，更关注前沿科技领域，而他认为人工智能是一个即将迎来爆发期的赛道。在经过半年时间调研后，他和张林峰都认为用 AI 研究科学规律这件事值得尝试，可以先把项目做起来，用实践验证理论的可行性。

2018 年 11 月，孙伟杰在北京正式注册公司，由于这种用 AI 进行高效多尺度模拟仿真的算法叫"深度势能"，因此公司就取名为"深势科技"。

两位创始人将深势科技的公司愿景定为：运用人工智能和多尺度的模拟仿真算法，结合先进计算手段求解重要科学问题，为人类文明最基础的生物医药、能源、材料和信息科学与工程研究打造新一代微尺度工业设计和仿真平台。

这种全新的科学研究范式叫作 AI for Science。AI for Science 最早由张林峰和孙伟杰的老师，也是应用数学领域里的领军人物、中国科学院院士鄂维南于 2018 年在北京大学提出。

鄂维南的学术思想深深地影响了张林峰。在张林峰读本科时，鄂维南正是北大元培学院院长。张林峰去普林斯顿大学读应用数学博士时，在该校兼任教授的鄂维南则是他的两位导师之一。

鄂维南曾经告诉过张林峰，在他漫长的科学研究生涯中，现在是用人工智能解决科学问题的最佳时机，他鼓励自己的学生将注意力集中于此。正是在老师的指引下，张林峰在读博的第一年就取得重大突破。

深势科技成立后，他们除了通过项目验证 AI 在求解科学规律上的可行性，还通过一个又一个学术研究在理论层面进行探索。

2020 年，深势科技团队在世界学术舞台上取得又一突破。他们在保持第一性精度的前提下成功模拟了亿级原子的运动轨迹，将超大系统的分子动力学模拟带入了全新时代。他们也因此获得了当年度超算界的最高奖项"戈登贝尔奖"。

从此之后，深势科技成为 AI for Science 科学研究新范式的引领者和践行者。

"最便宜"的算力

北大校园内有一处颇为有名地标性建筑——静园六院，它由静园草坪两侧六处三合院落组成。静园六院地处未名湖之南，周遭环境优雅静谧，是理想的学术研究之地。

鄂维南院士的大数据国家工程实验室就设立于此，而为了让自己的学生度过窘迫的创业初期，他专门腾出两个房间给孙伟杰等人办公。

彼时张林峰仍在普林斯顿大学准备博士论文，国内事宜全由孙伟杰打理。他们邀请了正在北大读研的师弟李鑫宇加入，成为深势科技的1号员工。核心员工就位，紧接着他们就通过找校内外学生做兼职的形式，开始用分子模拟的方式进行科学计算。

他们很快就针对高校科研工作者设计出第一个科学计算产品，这也给了他们很大的信心。与此同时，鄂维南院士也帮深势科技引荐了一些高校科研项目，让他们有了一些启动资金。

设计软件需要进行大量科学计算，一开始孙伟杰和李鑫宇将计算任务放在北大的超算中心里。他们使用自动抢占的模式，只要一有机器空出来，就自动匹配他们的任务，以致经常是所有机器都在为他们服务。

这招致不少"怨恨"，有不少北大师生抱怨抢不到机器，甚至有人直接把他们的学号在校内公开，还厉声指责：这是谁整天把机器都占满了？最终，"免费"跑任务这条路行不通了。

这无疑给刚刚起步的深势科技当头一击，"免费的午餐"再也没有了。算力对深势科技的重要性不言而喻，按照张林峰的设计方案，他们加班加点，希望尽快按照元素周期表把所有计算都跑一遍，但如果将其放在国内其他超算中心运行，整个费用预估高达2亿元，这个初创小公司无论如何都负担不起。

整个团队一筹莫展，即便鄂维南又为他们筹集了100多万元创业资金，也是杯水车薪，并不能解决根本问题。正在此时，一个转机出现了。

2019年12月的一天，孙伟杰、李鑫宇等三人一起从北京乘火车去合肥，看望一位刚在合肥生完孩子的同事。

他们乘坐的是软卧车厢。在包厢里，他们三人自然聊起公司的事情，恰好被另一个铺位的乘客听到。原来他来自阿里云，了解到深势科技目前面临的算力困境后，当即便给他们出了个主意：去阿里云试试。

当时，阿里云推出了一个Spot Instance（抢占式实例）产品，简而言之，即阿里云上闲置的算力能以最低1折的低价供用户拍卖使用，以便让云的利用率最大化。孙伟杰等人对此很感兴趣，并希望跟阿里云取得联系。

这次合肥之旅过后没多久，阿里云全球商业线的一名销售就敲开了静园六院深势科技办公室的门。

双方很快确定合作意向，阿里云派出团队与深势科技对接，协助深势科技通过弹性高性能计算平台（EHPC）实现科学计算简捷上云，并提供大规模算力弹性伸缩、调度器优化、作业级计费等能力。尤其让深势科技欣喜的是，采用 Spot Instance 进行计算，远远比超算中心便宜。

Spot Instance 从1折起拍，有类似数据运算需求的人可以竞拍，在一定时间内，出价高者先得。拍到之后，可以稳定运行一个小时，一个小时之后可以继续用，但如果此时有人按量购买，阿里云则会以原价出售。

这种方式的好处是，阿里云的闲置算力可以以非常低的价格给到需求方，双方互惠互利。

Spot Instance 并非阿里云首创，最早 AWS（亚马逊云）已经推出类似产品，但在国内释放出来的机器较少，中国企业上海外云也不方便。在国内，也有其他云厂商提供类似服务，但是只允许用户使用6小时，此后无论你用不用，都会被强制回收。

阿里云不仅有强大的算力调度能力和丰富的技术实践经验，而且有充沛的 Spot 资源池，在国内云厂商中属于佼佼者，深势科技选择阿里云也实属必然。

在使用了阿里云的产品后，深势科技在算力上的支出大为缩减。孙伟杰至今清楚地记得，此后将近一年时间，他拿到的账单显示，在阿里云消费了将近2000万元，但实际付款只有400万元。

借助阿里云所提供的灵活弹性且极具性价比的云资源，加上又获得中关村颠覆性技术研发和成果转化项目近千万元的支持，深势科技走上了发展的快车道。

打通教育、药物、电池的商业闭环

成立于 1981 年的法国达索系统公司脱胎于大名鼎鼎的造出过幻影战斗机的航空制造商——达索集团。达索系统公司专注于 3D 设计软件、3D 数字化实体模型和产品生命周期管理解决方案，迄今已经为全球几乎所有飞机制造商和超过 90% 的汽车制造公司提供过解决方案。

深势科技对标的正是达索系统公司，只不过达索做的是宏观世界的模拟仿真，而深势科技要做的是微观世界的模拟仿真。

2020 年 5 月，深势科技在完成了 A 轮融资之后，从最初的"团伙阶段"进入了一个更体系化运营的阶段，团队人员也从几人扩张到几十人，一直到上百人。

到了这一年年底，深势科技获得戈登贝尔奖之后，它的知名度在业界呈现爆炸式扩张，许多企业排着队前来寻求合作。

深势科技也从最初的偏科研机构，向商业公司转变。一个显著变化是，它的算力任务和任务类型都突然增多，阿里云的弹性高性能计算平台已经不完全适用，必须寻求新的解决方案。

阿里云团队与深势科技深入合作，在国内首创了云原生科学计算平台。二者基于 ACK[①]、ASK[②]、ECI（弹性容器实例）、MSE（微服务引擎）

[①] ACK：容器服务 Kubernetes 版，简称 ACK。这是阿里云为企业级用户提供的一款基于 Kubernetes 的容器管理服务。作为全球首批通过 Kubernetes 一致性认证的服务平台之一，ACK 致力于为用户带来高性能、高可用、易管理的容器应用管理体验。

[②] ASK：Serverless Kubernetes 服务，简称 ASK。这是阿里云提供的以 Kubernetes 为界面的 Serverless 容器服务，旨在显著降低用户使用 Kubernetes 的复杂度和门槛。

构建混合云算力调度平台，实现了对多云、多超算计算资源的高效池化。这个平台让算力效率提升30%，AI推理训练加速2~6倍。

随着合作方的商业化需求越来越多，深势科技也开始打造与之相关的微尺度工业设计基础设施。他们首先切入的是生物制药领域，这不仅是因为该领域与他们采用的"AI+分子模拟"方式最为贴合，也与当时生物制药赛道较为火爆直接相关。

他们推出了Hermite® 药物计算设计平台、Bohrium® 微尺度科学计算云平台，可大幅提高从医药和材料行业到学术界各类实验室的生产力，而这些微尺度工业设计基础设施背后，都有阿里云的影子。

专注于新药研发服务及原料药生产的泓博医药，就运用了Hermite® 药物计算设计平台。这家公司致力于为全球医药客户提供一站式小分子药物研发和生产解决方案，使用深势科技的Hermite® 平台加上阿里云高性能计算E-HPC集群后，可以对化合物进行分子级别的动力学仿真，并能够以化学精度高效评估蛋白质与配体的结合情况。目前，泓博医药能够在10~15小时内完成一次自由能微扰计算，通常一天内可以对数千通量级的候选化合物进行亲和力的准确评估。

阿里云还帮助深势科技在具体项目上突破难关。2022年8月，深势科技与阿里云PAI团队联手，突破AI蛋白质预测模型的推理性能瓶颈，支持最高6600长氨基酸序列蛋白质的预测计算，达到目前已知的最佳推理优化效果，将为AI预测蛋白质结构落地应用提供重要助力。

通过Bohrium® 微尺度科学计算云平台，许多高校和科研机构可以更便捷地开展科学研究：武汉大学与南方科技大学的研究团队，在液态金属领域取得重要进展，为新型材料高熵合金的原子级可规模化、可定制化精准制造打下基础；中国科学院地球化学研究所理论团队与合作者基于Bohrium® 探索地球内核各向异性新机理，为内核复杂的各向异性和不均一结构成因提供了全新解释。

此外,深势科技基于 AI for Science 范式,通过多尺度建模和高通量计算与 AI 技术相结合,为新能源材料和器件从创新设计到产业落地提供完整解决方案。

比如全球能源巨头宁德时代就利用了人工智能来研究锂金属负极和钙钛矿相变等问题。他们使用了深度势能与先进表征结合的方法来研究这些材料的分子细节,从而能够在分子层面理解材料性能的变化,为材料设计和优化提供理论指导。同时,这种研究方法也大大提高了研究效率,为能源材料的快速发展和应用提供了可能。

深势科技创始人、CEO 孙伟杰认为,从 2021 年 8 月完成 A 轮融资到 2023 年 7 月左右是深势科技的第一个发展阶段,"初步在教育、药物、电池这三个行业完成了商业闭环,得到了商业模式的初步验证"。

AI 能穿透所有行业吗?

对于 AI for Science 科学研究新范式来说,2023 年是一个爆发之年。

2023 年夏天,谷歌旗下的前沿人工智能公司 DeepMind 在《自然》(Nature)杂志上发表文章《人工智能时代的科学发现》,论证其 AI 代理 AlphaDev 利用强化学习发现了更高效的排序算法。这个发现与张林峰读博时在化学领域的突破有异曲同工之妙,超越了科学家们过去几十年的努力。

仅仅过了几天,威斯康星大学麦迪逊分校的副教授季米特里斯·帕帕伊利奥普洛斯(Dimitris Papailiopoulos)又在推特上激动地宣布,他成功地引导 GPT-4 发现了与 AlphaDev 同样的突破。

这则消息引发了社交媒体上的狂欢,它说明用 AI 发现科学规律不仅可以实现,而且已经近在眼前,就连科技狂人埃隆·马斯克也不得不正视这一现实。

在 ChatGPT 和生成式 AI 大爆发之年，AI for Science 也无疑将进入快速发展的时期。

在孙伟杰看来，从 2016 年到 2020 年是 AI for Science 的导入期，2021 年到 2025 年是基础设施建设时期，而到了 2025 年之后，则是大规模应用的时期。

生成式 AI 让互联网世界里语言、图片、音频、视频的交互方式发生改变，而它并不会处理整个客观世界底层运行的基本逻辑，必须借助于 AI for Science。深势科技越发意识到自己从事领域的重要性。

从世界范围来看，DeepMind 和 OpenAI 都非常关注 AI for Science，而每当深势科技推出新的产品，也被这些世界顶尖人工智能公司模仿。

从谷歌母公司 Alphabet 分拆出来的 SandboxAQ，是一家人工智能和量子技术公司。他们的发展路径也跟深势科技很像——用 AI 学习量子力学的方程，然后做微观层面原子、分子的模拟，第一个切入的场景同样是药物领域。

而始终站在科技最前沿的马斯克，2023 年也悄悄成立了 xAI 公司，这家公司的宣传语跟深势科技所做的一模一样：用 AI 去理解世界运行的最底层数学物理逻辑。

在孙伟杰看来，这句话很好地概括出 AI for Science 的含义，这也是包括深势科技在内的所有世界前沿人工智能公司的最高目标。

当 AI for Science 已经明白无误地到来，人类用 AI 可以求解薛定谔方程、加速分子模拟、预测蛋白质结构、赋能药物和材料设计时，未来，AI 能否穿透所有行业？

孙伟杰很喜欢这个"灵魂之问"。他对 AI 很有信心，只是觉得先要分析哪个行业不受科学规律支配。"比如我们用 AI 解决了一个原子、分子层面相互作用的问题，无论是哪个行业，只要涉及这个层面就能解决所有问题。"

从这个意义上说，AI for Science 充满了一切可能性。

浙江大学朱峰课题组：用 AI 解决算力难题

人工智能时代，人类早已认识到科学研究的瓶颈不只在于解决问题，也包括定义问题、选择工具。

作为科学研究的"第五范式"，AI for Science 的爆发力正在逐渐显现。它利用 AI 技术学习、模拟、预测、优化自然界和人类社会的各种现象与规律，正在为科学家们提供从发现问题、定义问题到解决问题的各种支持。

接下来我们讲到的科研团队——浙江大学药学院朱峰教授课题组，就是一个利用 AI 技术搞科研创新的成功案例。

朱峰教授是浙江大学长聘教授、求是特聘教授、博士生导师，入选国家级领军人才，2023 年入选科睿唯安"全球高被引科学家"，是人工智能药学领域的知名学者。

他带领团队创立了创新药物研究与生物信息学实验室（IDRB），这是建立在浙江大学药学院内的一个以生物信息学和药物设计为主要研究方向的独立科研课题组。目前，课题组正在开展用于治疗癌症、抑郁症等的多靶点小分子药物的设计与研发。

在人工智能时代，朱峰团队致力于用人工智能技术突破新药研发的瓶颈，重点发展基于人工智能的药物研发新方法和新技术，开发代谢组学数据处理新方法，更快速和准确地评价候选药物的毒性，缩短新药研发周期，提高研发成功率。

2021 年，在开展"基于人工智能的蛋白质功能预测"研究时，朱峰团队遇到了一个算力上的难题。课题组需要对上亿蛋白质序列及结构进行预训练，蛋白质序列的氨基酸数量从20到20 000不等且极其分散，而蛋白质序列分析的计算量会随着氨基酸数量的增多呈现指数级增长，但是当氨基酸数量大于5000时，简单依靠GPU计算又会出现显存受限导致的计算失败，因此不同氨基酸数量对应的蛋白质序列对算力需求差异巨大。

朱峰教授属于青年科研独立实验室负责人，他在浙江大学校内无法快速调动大批计算资源，课题组迫切需要寻找一种自适应不同蛋白质序列计算任务的算力匹配方案。而且，这个方案既需要顾及算力本身的成本，也要提高效率。

阿里云了解朱峰团队遇到的困难后，迅速组织团队研究，很快就提出了一套解决方案。阿里云的云服务器整合了CPU、GPU等不同类型的算力，开发了计算任务调度算法，自动将氨基酸数量少于500的蛋白质序列计算任务分配给CPU计算实例承担，将氨基酸数量为500~5000的蛋白质序列计算任务分配给以GPU为主的计算实例执行，对于数量大于5000的蛋白质序列采用大内存CPU计算实例。

这套方案非常有效，帮助朱峰课题组在1个月内实现对上亿基因序列对应的蛋白质序列和结构进行预训练。

此次合作的成果十分显著。2021年12月24日，浙江大学、阿里云联合在《自然》子刊《自然协议》（*Nature Protocols*）发表论文"Optimization of Metabolomic Data Processing Using NOREVA"（《使用NOREVA优化代谢组学的数据处理》）。

与此同时，这项科研成果也提升了阿里云产品的能力。首先，将研究中的蛋白质功能注释模型AnnoPRO在阿里云天池平台上线，帮助阿里云积累了生命科学领域的AI for Science服务能力，截至2024年3

月，AnnoPRO 已累计服务科研同行 1000 余人次，吸引同行主动贡献更多蛋白质序列数据集。

其次，本研究中针对氨基酸超长序列计算任务的优化方法沉淀到了 PAI-Blade 产品上，直接服务了深势科技、罗氏制药等客户。

从复旦大学到深势科技，再到朱峰课题组的研究成果，AI 已经无处不在。我们都知道，科学研究需要假设，再对假设进行检验，这个过程显然需要进行大量的计算、模拟和证明。而在几乎每一个步骤中，人工智能都能发挥它的独特作用。

AI 在科学研究上的爆发力已经显现，而且未来它的能量会变得越来越大，对科学研究的影响也一定会越来越深远。

从深势科技推进 AI 产业化、复旦大学建成 CFFF 平台，到浙江大学朱峰课题组进行科研创新，AI 的每一项技术性突破都将给人类未来开辟一种新可能性，而它与科学研究深度融合显现的威力已经超越了我们的想象——它无疑将引发科研模式的重构和新一轮科技革命。

AI for Science 不仅会让科学研究发生翻天覆地的变化，我们还期待它会再造生物制药、芯片、材料、工业制造等领域的产业模式。正如鄂维南院士所说，面向未来，AI for Science 还有巨大的想象空间有待开发，帮助我们加快走完从科学研究到产业创新的"最后一公里"。这也正是深势科技、复旦大学、浙江大学等企业和科研机构推进 AI for Science 的根本目标和原动力所在。

第三节
AI+互联网，步入C端应用新时代？

生成式AI爆火至今，到底C端用户最偏爱哪些AI应用？2023年9月，美国知名科技风投公司a16z针对当时市场上流量最高的50款面向C端用户开放的AI产品进行了一项调查。结果显示，ChatGPT是当仁不让的霸主，占了这50款应用60%的流量。

除此之外，以功能来看，针对视频、音频、图片、文字的AI工具是占比最高的产品，尤其是AI生图或者修图软件，竟然有13款产品入围，足见C端用户对这些应用的偏爱。从调研结果来看，如网易伏羲、喜马拉雅、掌阅，都选对了方向。

AI在互联网领域的渗透，不只体现在上述这些产品中，也体现在让无数人为之着迷的手游里。接下来，让我们看看AI在一款开放世界角色扮演游戏中发挥的巨大作用。

网易伏羲炼成记

凡是玩过角色扮演游戏的人，都想为自己打造一个极具个性的角色形象，无论是长发飘飘、英气逼人的男侠客，还是落落大方、秀丽脱俗的女豪杰，玩家们为了让自己角色的外形卓尔不群，都会在头像上做足功夫。

现在，想让自己拥有百变角色的玩家有福了。2023年在手游玩家的圈子里，有一个被津津乐道的头像新玩法——AI文字捏脸。这是《逆水寒》手游在全球首创的游戏技术，利用人工智能技术最快3秒就能打造出让人眼前一亮的头像，由于呈现效果十分惊艳而被玩家们称为"黑科技"。

这项功能让玩家们进行头像修脸变得像写字一样简单：你既可以输入当红明星的名字，再根据AI生成的头像微调，也可以按照自己的想象，输入如"大眼睛""青春可爱""高瘦"等描述性词语，甚至可以输入"人面桃花相映红"这种来自诗词歌赋的描述。简单说，你对头像的任何文字描述，AI都能将其转化成对应的样貌。

网易伏羲是网易旗下专业从事游戏与元宇宙AI技术研究和应用的人工智能机构。在网易伏羲游戏AI的助力下，网易祝融工作室打造了国内第一个AI MMO游戏（大型多人在线游戏）。《逆水寒》手游中的主要系统或玩法都有AI的广泛参与，比如玩家角色、NPC（非玩家角色）、大世界、战场、社交等等，这些AI玩法推出后大受欢迎，玩家们直呼"太好玩了"。甚至有许多同行找到网易伏羲，问："你们会做B端生意吗？我们就想要《逆水寒》手游的同款AI。"

这个国内第一个AI大型多人在线游戏，到底是怎样"炼成"的？《逆水寒》手游制作人听雨曾透露，背后的核心竞争力，来自一大群聪明人长时间地下"蠢功夫"。坚持"给MMO带来一些新的东西"的初心，《逆水寒》手游实现了多维度创新，支持AI高智能NPC、AI捏脸、AI作诗、AI绘画、AI游历故事、AI大宋头条等功能，不仅给予玩家超高自由度，也极大提升了游戏的真实感和重复可玩性，被不少媒体誉为"全球首款AI游戏"。

当我们提到AI的作用时，普通人的第一反应是解放人力，提高工作效率，也就是"降本增效"。但是 AI 在《逆水寒》手游中的作用可不止如此，它的目标是——让游戏变得更好玩。

通常而言，玩家进入游戏后都会问一个问题："我可以成为什么？"这个问题的背后是玩家希望自己跟其他玩家有所区别，他们不希望跟别人"撞脸"。为了满足玩家的需求，《逆水寒》手游提供了几百维的捏脸系统，从发型、脸型到肤色、妆容，每一项都支持玩家自定义。

玩家既可以上传自己的照片生成头像，也可以用上文提到的"文字捏脸"打造出一个与众不同的形象。

要想让玩家的体验好，游戏中的 NPC 也很重要。AI 技术又发挥了作用，《逆水寒》手游研发团队打造了 3000 多个高智能 NPC，这些 NPC 有自己的独特人设，有感知能力，有认知能力，还有决策能力，他们能对环境和玩家的动态变化做出反馈，让玩家有一种沉浸感和氛围感，以及像跟真人一样打交道的体验感。

该怎么去形容游戏中的 NPC 拥有 AI 的样子呢？《逆水寒》手游 AI 策划负责人刘畅是这样描述的："NPC 不再只是按照固定剧本扮演的工具人，而开始拥有自己的想法、性格和行为，不同玩家的游玩内容都是非常不同且独特的，每次玩的游戏内容都不重复，情节还会按照玩家的喜好去尽情展开，这将为玩家带来前所未有的新游戏体验。"

AI 在《逆水寒》手游中还会根据玩家战斗状况，实时保护玩家的心流体验，让玩家获得激爽又有挑战的对战体验。

网易伏羲游戏 AI 产品负责人青雀透露："经过 AI 微调之后，所有玩家对战体验相关指标都有明显的改善。"

"在对战场景下，AI 作为一双看不见的手，的的确确保护了玩家的体验。"青雀评价道。

《逆水寒》手游，AI 无处不在

《逆水寒》手游之所以有如此强大的 AI 能力，当然与它背后的研发机构网易伏羲密不可分。

2016 年，AlphaGo 战胜围棋天才李世石后，不仅震惊了全世界，也让网易高层意识到人工智能未来将会对内容产业产生巨大影响。网易很快行动起来，决心成立一个专门从事人工智能研发的机构。2017 年，网易伏羲应运而生，这也是中国第一个游戏人工智能实验室。

网易伏羲为自己设定的愿景极为远大，希望通过人工智能技术的研究与应用释放创作者的生产力，革新游戏体验，最终"让人工智能点亮游戏的未来"。网易伏羲成立之初，就对人工智能研发方向进行了极为全面的布局，包括强化学习、自然语言、用户画像、视觉计算、虚拟人五大方向。

成立至今，网易伏羲展现了惊人的研发能力，它用一次又一次 AI 创新让整个游戏行业为之侧目。比如 AI 照片捏脸功能，早在 2018 年网易伏羲就在行业内首次用基于深度学习的端到端的训练技术将其实现。2019 年又基于 Transformer 自然语言处理技术，首创了智能养育系统。此后几年，网易伏羲接连研发出 AI 故事接龙玩法、AI 游戏剧情动画、AI 游戏匹配、AI 反外挂等，都在业内开了先河。2023 年推出的《逆水寒》手游则实现了 AI 文字捏脸和智能 NPC 两大突破。

"网易一直以来秉持在游戏设计上的大胆创新，加上网易伏羲长期的技术积累和领先的 AI 能力，我们才能研发出第一款 AI 大型多人在线游戏——《逆水寒》手游。"青雀说。

《逆水寒》手游与以往包含 AI 元素的游戏相比，一个最大的不同是，网易伏羲在整个研发过程中，将思路从"游戏 + 人工智能"彻底转变成"人工智能 + 游戏"。

网易高级副总裁叶弄舟透露："从一开始就假定整个世界建立在一个人工智能大模型基础之上，从方方面面提升玩家的用户体验，从最开始的玩家定制角色，到玩家进入世界之后跟整个世界的交互，每个方面我们都用人工智能高效率地生产内容和提升有趣度，以提升玩家丰富的开放世界体验。"

玩家在这样的新奇体验下表现出对游戏的强烈黏性，且由于对游戏的良好体验而能够自发传播。根据网易提供的数据，《逆水寒》手游上线首月便惊人地吸引了超 4000 万玩家参与其中，截止到 2023 年底共吸引到 1 亿玩家。兴业证券 2023 年游戏分析报告也把《逆水寒》手游上线开启 AI 游戏应用新模式，认作中国游戏产业发展的里程碑事件。

既然《逆水寒》手游中有如此多的创新 AI 应用，它需要的基础设施保障能力自然水涨船高。

例如，《逆水寒》手游融入了多项 AI 驱动的创新玩法，玩家与 NPC 间的每一次互动、每一次捏脸、每一次作词，都涉及对 AI 模型的调用，这对背后支持的算力提出了较高要求，也是对 GPU 资源供应能力的一个巨大挑战。特别是游戏中使用了文生图、语音识别、文本转语音等多种类型的 AI 引擎，这也让基础设施的建设更为复杂。

游戏研发团队为了万无一失，决定将《逆水寒》手游的 AI 引擎部署在阿里云上。阿里云拥有十几年服务游戏行业的经验和能力，和网易雷火已经在《永劫无间》《超激斗梦境》等多部游戏作品中开展过合作。

阿里云为《逆水寒》手游设计了一个整体解决方案，不仅统一了业务体验，还节约了大量的内网带宽，有效地提供了游戏所需的巨大的 AI 推理算力支持。在阿里云的保驾护航之下，《逆水寒》手游自 2023 年 6 月 30 日公测以来一直保持平稳运行。

改变游戏行业潮水的方向

《逆水寒》手游造成的巨大"鲶鱼效应"深深震撼了整个游戏行业。如今行业内已经有了共识,未来 AIGC 将彻底改变整个游戏行业的生产方式,会创造一种全新的游戏体验。

"AI 技术可以有效提升内容制作的效率,支持工作室产生数百上千的无限量剧情,支持制作上千平方公里纤毫毕现的大地图。"叶弄舟认为:"(AI 技术还能)产生成千上万具有独立人格、外貌、行为逻辑的 NPC,从而支撑起一个更大体量的游戏世界,直至逼近《头号玩家》中描绘的绿洲。"

与此同时,AIGC 还会大幅降低玩家的创作门槛,让玩家自己担当游戏策划,生成剧情,这样不仅能增加玩家们的游戏乐趣,同时也释放了玩家们的创造力,让游戏内容变得越来越丰富。

叶弄舟以网易开发的潮玩休闲竞技游戏《蛋仔派对》为例,说:"《蛋仔派对》有 1000 万的地图创作者,他们一共产生了上亿张地图。你每天在游戏内玩到的地图都是不重样的,这也彻底颠覆了传统的游戏生产流程。"

网易伏羲也在酝酿一场新的变革。这个过去专注于虚拟世界 AI 技术应用的实验室,正把虚拟游戏 AI 技术应用于更多实体产业。网易伏羲认为人机协作是大趋势,未来的世界离不开智能体,创新性研发了面向智能体编程框架,并基于框架构建了可以直接面向智能体发布和运营各种任务的有灵机器人平台。

平台有三大核心理念:人机协作、数据闭环、虚实结合。平台已经在传统数据标注、美术制作、远程操控等垂直业务中拥有大量实际落地案例。

以远控挖掘机为例,它很好地解决了抢险救灾等危险环境中人工操作面临风险的问题。"经过培训之后，大家可以坐在家里吹着空调、喝着咖啡就把挖掘机开了。"青雀说，"我们与中建八局签署了战略合作协议，在前年（2022 年）就将挖掘机开到了高原铁路建设现场。今年，我们的远控挖掘机、无人装载机将在露天矿山、港口、搅拌站等场景下有更多的落地应用。"

从游戏到 AI，再从 AI 到各类辅助人类生产生活的工具，毋庸置疑的是，人工智能在未来一定会拥有更多种可能性和应用场景。

作为网易高级副总裁，叶弄舟从 2021 年开始连续三年参加网易未来大会。2022 年，他在会上问了一个问题：AIGC 是通往元宇宙的方便法门吗？

一年后，他的回答是：AIGC 可能是唯一的答案。

喜马拉雅：用 AIGC 赋能的先行者

10 秒用你的音色极速定制专属音频

AI 在社交软件和手游中的作用已经越来越被人们看见，与此同时，它在音频软件中的应用也展现出惊人的魔力。

如果你是一个音频重度用户，非常习惯于用音频听小说、听评书、听知识付费课程，头部音频播放平台喜马拉雅新近推出的一个功能可能会惊讶到你：只需要 10 秒钟，喜马拉雅就能复刻个人音色，并轻松实现有声内容录制。

这是喜马拉雅在 2023 年云栖大会上展现的一项创新性技术，其自研的珠峰语音生成式大模型具备快速实现语音音色和风格定制的能力。这一技术支持丰富场景下的音色实时转换，有了创造性的"变声"能力，宛如给声音"画皮"。

在音色定制的速度上，珠峰语音生成式大模型的表现令人尤为赞叹。它能在5秒内"极速克隆"声音音色，只需要上传极少量的数据，该模型就能够克隆出具有90%相似度的基本音色，并在短短10秒内快速生成定制音频。

珠峰语音生成式大模型由喜马拉雅珠峰智人团队与西北工业大学音频语音与语言处理研究组ASLP Lab联合打造，它基于自研框架，实现音频与文本在统一框架下的稠密训练，用于语音生成任务，能够进行语音风格和音色的zero-shot（零样本）学习和迁移，实现风格和音色的任意组合。

特别值得一提的是，喜马拉雅基于阿里云数据湖3.0构建的云原生大数据平台，为语音大模型训练提供了海量高质量的数据支撑，是喜马拉雅语音大模型不可或缺的"数据引擎"。

喜马拉雅云原生大数据平台的重要性不言而喻，它是本轮喜马拉雅在AIGC技术研发上突飞猛进的数据基石。它的成功也并非一蹴而就。2022年上半年，喜马拉雅与阿里云落地大数据混合云方案后，不仅充分验证了阿里云开源大数据的产品能力，也坚定了喜马拉雅全面升级云原生大数据战略的决心。2023年6月，喜马拉雅与阿里云开始基于阿里云全新一代数据湖技术——阿里云数据湖3.0，构建存算分离的云原生大数据平台，正式开启大数据全面上云之路。

珠峰语音生成式大模型之所以成功，基于阿里云数据湖3.0构建的云原生大数据平台显然功不可没，它提供的数据让该模型在训练后展现出业界领先的技术能力。喜马拉雅首席科学家、珠峰实验室负责人卢恒介绍："未来，这项技术在短视频创作、数字人配音、人机交互对话、名人IP复刻等领域有望发挥出巨大的潜在价值，有效解决商业场景中的沟通需求痛点。"

其实，喜马拉雅在AIGC技术上的探索已卓有成效。2023年底，喜马拉雅利用人工智能语音合成技术（AI-TTS）重现已故评书艺术家单田芳的声音，并将其应用于六本风格各异的书籍中，引来众多单田芳忠实粉丝的狂热追捧。单田芳的儿子单瑞林评价："听到TTS合成的声音，心魂间猛然一震，仿佛父亲又回到这个世界！"

目前TTS生成式技术已应用于喜马拉雅App的"爸妈讲故事"功能，爸爸或妈妈只需简单录制5段语音，系统就能进行AI模型训练定制声音，成功后爸妈就可以代替原有声音，直接为孩子讲故事了。当孩子听到自己的爸爸妈妈在讲故事，不仅更有兴趣，也会更加专心。

用AIGC打造1702万创作者的音频分享平台

喜马拉雅成立于2012年，是当下最受用户追捧的在线音频分享平台之一。

数据显示，2023年前三季度喜马拉雅全场景月活跃用户已达3.16亿，拥有超过4.3亿条音频内容，积累了超过100个品类的高质量内容，能满足不同年龄段人群的各类需求。喜马拉雅也是一个十分便捷高效的内容创作与分享平台，截至2022年，平台拥有超过1702万创作者。

面对生成式AI的发展大潮，喜马拉雅将AIGC视作音频内容创作的引擎，在AIGC的多模态、软硬件结合、全景声技术的研发上进行了颇具前瞻性的布局。

在内容建设上，除了上文提到的珠峰语音生成式大模型克隆声音技术，以及TTS生成式技术，喜马拉雅在ASRU（美国电气与电子工程师学会自动语音识别与理解会议）2023年M2MeT2.0挑战赛（多通道多方会议转录挑战赛）中，以出色的说话人识别和语音识别技术获得第一，展现出其在AIGC技术上的领先地位。

根据喜马拉雅官方数据，截至 2023 年 11 月，喜马拉雅珠峰实验室团队已通过 AIGC 方式创作了超过 3.7 万部有声书专辑，而 AIGC 作品的每日播放时长已超过 250 万小时。

对于内容创作者而言，喜马拉雅也为其研发出各种提高效率的工具，为音频创作者打造了一款"零门槛"的智能创作工具"云剪辑"。"云剪辑"甚至无须用户下载安装，在线即可剪辑，并集智能音量、智能配乐、音转文剪辑、AI 分段、智能检测、一键成片等强大功能于一身，是行业首款在线多轨剪辑轻应用。简单归纳，"云剪辑"的特点是智能、好用、省事。

喜马拉雅甚至将人工智能应用于音频领域人才的培养。其旗下的喜播教育致力于为音频领域的人才提供全链条的系统培训和就业指导服务。喜播教育副总经理江敏透露，为提高教学、培训效率，喜播教育先后上线了多款 AI 教学及评测产品，并搭建 AI 练习场景，让学员能够通过系统的学习和科学有效的训练，掌握有声书制作及运营所需要的演播、后期制作、导演、运营等综合能力。

喜马拉雅在生成式 AI 上的各种尝试，正走在音频行业的最前列。在人工智能时代，当然有诸多不确定性，但喜马拉雅可以确定的是，用 AI 赋能内容创作的大方向不会改变。

掌阅科技：用人工智能提升用户体验

用 AIGC 快速决策，助你"啃书"

AIGC 在互联网领域的应用，还体现在为 C 端用户提供全方位帮助和支持上，掌阅科技就很好地将人工智能与服务用户结合在了一起。

对于传统的纸书或者电子书阅读，当遇到如《史记》《资治通鉴》等大部头经典著作时，普通读者难免会有些不知所措。你既不知道书的不同章节的梗概，也不知如何按照自己所需，从合适的地方开始阅读，这导致相当多时候，一本书才读了几页，你便放弃了。

为了让用户更易于读懂"难啃的书"，掌阅科技研发了 AIGC 应用，可以通过提炼与总结，迅速告诉用户这本书不同章节的主要内容，让读者可以很轻松地决定要不要读这本书，以及是从头到尾阅读，还是选择适合自己的章节有重点地阅读。

掌阅科技是专注于阅读赛道的互联网公司，从 2008 年便开始整个业务版图的拓展。截止到 2023 年，掌阅的月活跃用户数达到 1.7 亿，用户遍及 150 多个国家和地区。从 2022 年底开始，伴随 AIGC 的兴起，整个公司开始深入调研和学习有哪些 AI 技术能与阅读场景融合，并且可以与内容行业做深度交互。

在与用户直接对话和交互这一层，掌阅首先利用 AI 改善了用户体验，这也是掌阅在做用户调查时发现的具有普遍性的问题。正如上文所述，要不要阅读一本书，以及从何处开始读等，都是用户在阅读中遇到的实际困惑，而掌阅利用 AI 首先帮用户大大降低了决策难度。

针对用户体验，AI 能做的事情还有很多。比如许多人在开车、做家务时也想读书，但很显然此时眼睛不能盯着书，通常来说便可利用 TTS 技术，将文字转化成语音。但它的缺点是生硬，感情不够丰富，用户听起来有疏离感。掌阅科技首席技术官孙凯介绍，针对上述问题，掌阅的很多书籍都用 AI 做了拟人化处理，加入了对话的语气词，以及悲伤、高兴、喜欢等丰富的情绪，来帮助用户更好地进入书中的情节。

书读完了也并非结束，在 AI 的帮助下，用户还可以迅速生成一篇书评分享出去，这不仅能让用户记录下读每本书的收获，也会让他们渐渐形成一个成体系的学习脉络。从更长的时间维度看，通过回顾这些书评，他们就能很好地总结和梳理自己的读书历程。

在 AI 引领下，回归产品、用户和内容

我们都知道，AI 的另一个作用是提高企业的工作效率，掌阅科技在这方面也做了许多有益探索。

在设计上，AI 可以参与图书封面的制作，也可以生成介绍图书主要内容的视频，让用户对书的基本信息一目了然。

研发是现在 AIGC 领域应用得比较成熟的方向，掌阅也不例外。他们在前端代码、后端代码和数据代码上都将 AI 做了许多应用。

作为一家长期专注于阅读赛道的公司，运行多年的掌阅已经有了很多知识沉淀，比如客服知识、研发知识库的知识，以及单纯的业务流程知识，它们都异常繁杂，提取难度较高。"在大语言模型的帮助下，可以更方便地检索与提取这些知识，我们自己调优了开源模型，同时与阿里云合作了一些数据库产品，现已将内部知识库接入内部的飞书机器人的问答功能，效果也非常不错。"孙凯透露。

除了效率上的提升，AI 越来越对掌阅的内容创作产生助力。一般人都会想到 AI 可以帮助写文章，但是掌阅通过实践发现，AI 更多是写偏工业化的文章，这类文章对用户的吸引力较差。对于长篇文章的驾驭，AI 目前的能力依然有限。

因此，掌阅在内容上的探索相对谨慎，目前提供的应用主要是辅助创作者进行内容创作。"可以当字典，当翻译，甚至当顾问，但不直接帮助你去产出所有的内容。"孙凯说。

总而言之，掌阅科技要做的事情是通过 AI 的帮助，在读前、读中、读后真正地辅助用户阅读书籍，真正让用户把书的内容和知识纳为己用。

在用户体验端，掌阅已经在微信小程序上上线了一款名为"阅爱聊"

的小说 IP 对话交互应用。这款 AIGC 应用产品，依托 AI 大模型赋能数字阅读场景，背靠掌阅海量数据内容优势，聚焦阅读过程中的"聊书""聊人"两个场景，为用户提供创新的阅读交互方式。

作为一家离用户很近的创新型公司，掌阅深知专注于 AIGC 产品应用的重要性，但同时也需要一个技术层面的强大伙伴并肩协作，一起提升不同场景的用户体验，并将用户的需求快速落地。于是，他们选择了阿里云作为基础设施的供应商。

在基础设施层，阿里云提供了云上智能算力储备和有弹性且稳定的算力资源；在 AI 平台层则有百炼 - 灵积，方便获取业内领先的大语言模型 API 服务，以及人工智能平台 PAI，覆盖全链路 AI 开发工具与大数据服务，提升开发效率；在开发者生态层，阿里云的大模型自由市场——AI 大模型社区魔搭，则可以让掌阅方便获取开源模型。

面对 AIGC 带来的创新大潮，无论是创业公司还是行业巨头，抑或是围绕具体场景进行应用开发的中型公司，最重要的是找准自己在整个行业中的定位。

掌阅通过一系列尝试和探索，无疑已经找到了努力的方向。孙凯认为："我们一直希望能回到产品、用户和内容本身，给用户提供一些增量价值，而不只是同质化的竞争，AI 让我们第一次看到了希望。"

不过，整体而言，针对 C 端的 AI 应用产品还处于"群雄逐鹿"阶段，ChatGPT 等头部应用掌握了先发优势，其他产品也都有机会。以用户为导向，不断推出满足他们需求的实用功能，对于这些应用来说，越专注于一个领域越容易站稳脚跟，扩大地盘。显然，从这个角度来说，国内针对 C 端用户的 AI 应用产品依然任重道远。

第四节
大模型上车，让汽车工业更智能

在 2024 年全球最大的消费电子产品展会 CES（International Consumer Electronics Show，国际消费类电子产品展览会）上，德国大众汽车正式宣布将与初创公司赛轮思（Cerence）合作，将 ChatGPT 整合到其最新车型中。

而早在半年前，另一家百年德国车企梅赛德斯－奔驰就宣布与微软 Azure 合作，将 OpenAI 的服务融入名为 MBUX 的个人助手服务中。在北美的 90 万奔驰车主只要说一句"嗨，梅赛德斯，我想参加 Beta 测试"，就可以享受这款语音人工智能助手的服务。

在中国，新能源汽车和智能驾驶系统的发展本就如火如荼，而生成式 AI 的爆发更是"火上浇油"，点燃了一股大模型上车的热潮。阿里云、华为和科大讯飞等科技企业纷纷跟进汽车大模型的研发，例如脱胎于阿里巴巴 AliOS 的斑马智行与智己汽车合作，基于通义大模型的智己生成式大模型（Beta）已经登陆 LS6 等车型。

除了与第三方合作，还有不少中国车企选择了自研路线。理想汽车推出了 Mind GPT 认知大模型，将其应用于智能座舱助手"理想同学"。而吉利汽车则更进一步，于 2024 年 1 月上市的银河 E8 搭载了全栈自主研发的大模型。

吉利汽车对大模型的投入最早可追溯到 2021 年 10 月，吉利发布了

"智能吉利2025"战略。该战略的背后思考，就是要推动吉利加速向智能时代转型，在自动驾驶、智能网联、智能座舱等技术领域的全栈自研生态体系展开布局。

大模型研发在算力和数据方面的投入极高，吉利为何进行自主研发呢？吉利汽车研究院技术规划中心兼数据智能开发中心主任陈勇回顾道："大模型爆发后，汽车行业的行动普遍是比较慢的，当时市场中并没有能满足我们战略需求的产品，我们不可能等到整个行业慢慢成熟，到时我们的产品就不具备前瞻性和技术领先性了。另外，大模型在汽车领域如何解决安全和隐私方面的问题也是我们决定投入自研的一个重要原因。"

归根到底，车企自己手里没有数据、算力和先进的算法，很难支持智能化战略的长期发展。吉利开始逐步在这些领域进行投资布局，打好智能化战略的地基。

在算力方面，2023年吉利控股集团与阿里巴巴集团达成战略合作，探索搭建智算中心，提升汽车智能化服务和人机交互体验。2023年2月，吉利星睿智算中心在湖州长兴正式启用。这是吉利有史以来设施规模最大、最复杂的信息化战略项目。

吉利携手阿里云，凭借阿里云在计算、存储、网络、安全合规方面的技术优势，提高智算中心的算力使用效率，降低算力成本，全面提升汽车智能化服务和人机交互体验。吉利星睿智算中心的云端总算力已由2023年的810PFLOPS（每秒81亿亿次浮点运算），扩容到2024年3月的1.02EFLOPS（每秒102亿亿次浮点运算），持续保持中国车企算力第一。结合算力调度管理算法和研发体系，吉利的整体研发效能取得20%的提升。

据悉，智算中心经过半年的试用和试运行，吉利在智能驾驶研发上效能提升明显。1000个智驾模型的训练时长已从3个月缩短到云上的8

小时，训练速度提升 200 倍以上。

在算法方面，吉利在 2024 年 1 月发布了千亿参数规模的星睿大模型。在中国信通院大模型通用能力官方评测中，吉利星睿 AI 大模型获得最高 4+ 评级，吉利也成为中国人工智能产业发展联盟汽车行业推进组的副组长单位，牵头汽车行业大模型行业标准制定工作。

具体而言，星睿 AI 大模型包括语言大模型、多模态大模型、数字孪生大模型三大基础模型。

星睿 NLP 语言大模型总训练数据量超过 3 万亿 token，训练量处于全球领先水平。此外，语言大模型还具备首创的情感模块，有出色的逻辑推理能力、上下文记忆能力，可以实现类人化情感交互。

星睿多模态大模型具有全场景感知、生成品质高的优势。其中，多模态大模型能够将语音、图像、视频、车辆信号等多种信息模态进一步理解，并用自然语言实现同频智能交互。而多模态生成大模型能够将原来单一的语音输出转化为多种模态信息，高效完成文生图、文生视频等任务。

而星睿数字孪生大模型则像是一个"超级元宇宙生成引擎"，拥有完备 3D 生成技术、数字人 AI 驱动技术、声音克隆技术，能够快速生成各种逼真的 3D 场景和人物形象。它是自动驾驶研发技术的重要支撑。

在陈勇看来，制造企业开发大模型需要四大要素，除了传统的算法、算力和数据三要素，另一个重要的要素就是行业知识，而这是车企相对科技公司的竞争优势。不同于科技巨头开发的通用大模型，星睿 AI 大模型深度聚焦汽车垂直领域，对车辆功能使用、常见车辆问题、交通法规、售后服务等海量知识库进行了大规模学习，拥有汽车行业最完备的专业知识储备，仅星睿语言大模型在训练过程中就特别补充了汽车领域的 39 类知识库。

"未来企业必须思考的问题是大模型的成本问题,这可以用单位功耗产生的价值来衡量。如果仅靠堆高参数的做法,其性价比就会偏低,也很难在车端部署。如果在大模型的训练中加入企业独有的先验知识,那么大模型产生的价值就会更多,性价比更高。"陈勇对此评论道。

可以看到,从新锐车企到百年品牌,汽车行业正在快速形成共识——大模型将改变我们所认知的汽车工业。那么,大模型上车究竟有哪些突破性的应用,能给车主带来什么样的全新体验?生成式 AI 又将如何改变整个汽车产业?

智能汽车操作系统的下一步

大模型上车的第一步,也是最有体验感的应用,体现在智能汽车的人机交互上。在大模型出现之前,智能汽车内的人机交互表现不那么"智能"。传统的人机交互一般基于规则与指令,比如车主发出指令——请打开空调,这时只有提前设计了相应的规则,机器才能理解人发出的指令并执行命令。

然而规则再完善,也难以满足所有人的所有需求,一旦车主提出一个产品经理没有提前设想过的指令,车机就无法理解指令的内容了。而大模型强大的理解和泛化能力完美地解决了这个问题。

斑马智行相关产品负责人解释道:"人和机器要产生平等的对话,需要机器真正理解人,本质上是要将二者的知识库进行对齐,传统的以规则为基础的小模型根本无法和人类的知识库对齐。而大模型可以汇聚整个互联网的知识,可以接住人类的各种问题。"

在这种平等交互而不是命令式交互的基础上,以大模型为基础的操作系统可以为用户提供更自然和丰富的服务,不但可以完成开车窗、调温度、放音乐等基础操作，还可以更精准地推荐行车路线和附近好吃的餐厅，以及提醒车主进行充电，为小孩定制故事等高级功能，成为车主真正的个人助理，带来全新的用车体验。

斑马智行认为，未来的汽车智能化体验将拉开车企之间的竞争差距，对新能源车企尤为关键。燃油车时代，车企之间比拼的是"发动机、离合器、底盘"三大件和它们带来的驾驶感受，新能源车在经历"电池、电驱、电控"三大件之后，智能体验感成为各品牌比拼的新战场，这也是国内新能源车企纷纷押注大模型上车的重要原因之一。

对于个性化服务，与数据积累息息相关。例如，一些车主可能觉得16摄氏度很冷，有的车主就觉得合适。这时，随着系统不断积累用户行为与数据，可以以提示词的形式来不断修正大模型的行为，从而真正满足千人千面的需求。

除了功能上的改进，大模型汽车助手提供的情绪价值也受到车企的关注。调查显示，中国人每天平均在汽车上的通勤时间达到40分钟以上。但是过去没有一个很好的产品形态，能够填补车端相对空白的时间。除了枯燥的驾驶，汽车作为移动智能空间，应该给车主提供更好的体验。

斑马智行判断："大模型可以扮演一个智能副驾的角色，车主可以和他聊聊天，发泄一下情绪。而在车内这样一个封闭空间，人也更容易产生情感需求和情感连接，这方面体验提升的空间还很大。"

智己汽车 LS6 搭载大模型的车载语音助手就可提供角色扮演、解梦、星座运势、创作图文/音乐等娱乐方面的功能。

作为率先实现大模型上车的车企之一，智己汽车已经从首批用户中获得了积极的反馈。智己汽车软件及用户多元触点执行总监李微萌介绍，尽管大模型产品目前在车主中的整体渗透率还不高，但用户黏性不错，用户每次使用平均会触发 10 次左右的交互，"其中一个用户一天就完成了 200 次交互"。

如何改进车上大模型的性能，将是未来车企紧密关注的课题。在基础大模型的选择上，智己一直持开放合作的态度。"我们首先看重的肯定是中文理解和推理能力，其次是它的实际响应速度，再次是从研发角度看，它是否能蒸馏成小尺寸的模型，可以部署到车端。最后，它必须是开源的，我们希望可以对模型进行继续训练和定制化。"李微萌介绍道。

在李微萌看来，未来影响大模型渗透率的不是算力和硬件的限制，这些成本一定会随着大模型的发展而逐步降低。障碍恰恰是车主的观念——他们能否信任大模型。在汽车场景下，安全问题容不得一点闪失，而大模型现在的不可解释性以及产生幻觉的问题难免会让人们产生疑虑。

未来大模型将与智能汽车操作系统深度融合，更深刻地理解物理世界、理解用户，通过智能体生态，为用户提供全新的驾乘体验，包括个性化、场景化的智能座舱服务，以及便捷化、高安全性的智能驾驶服务。

加速实现高级别自动驾驶

自动驾驶，曾经被视为汽车领域的下一个颠覆式创新。然而由于算法问题，自动驾驶技术长期徘徊在 L2 到 L3 级别之间，难以取得突破。

而大模型的出现，有望帮助车企实现高级自动驾驶的破局。

2021 年 8 月，特斯拉率先提出了基于 Transformer 的 BEV（鸟瞰）模式。此处的 Transformer 就是 ChatGPT 的基础架构。

这套模式的基本原理就是利用大模型的泛化能力，将车身各处摄像头获得的视频数据整合转化成立体的鸟瞰图，相当于从车顶上 10 米左右的高度俯瞰周边路况，这就大大提升了系统判断路线的准确性，这也是大模型在自动驾驶上的首个应用。

大模型在 2022 年底爆发后，BEV 模式越来越受到业界的认可。目前，国内企业如蔚来、小鹏汽车、理想汽车、毫末智行、商汤科技等一众厂商也都在 BEV+Transformer 上有所布局。

除了在感知领域，大模型在数据和仿真训练相关领域也有不小的潜力。比如，自动标注技术是大模型应用中的一个代表实例，它能够显著削减数据标注的成本投入。随着智能驾驶技术的演进，车辆搭载的激光雷达系统生成的 3D 点云数据以及摄像头捕获的 2D 视觉信息日益丰富多样，这导致自动驾驶所需的场景标注类别与总量呈指数级上升。

面对数据挖掘的艰巨性和高昂的数据标注开支，智驾行业正积极采用自动标注技术来改进系统的整体效能。以特斯拉为例，自 2018 年起，该公司持续投资并推进自动标注技术，成功实现了从依赖二维图像的人工标注模式向涵盖四维空间信息的自动标注技术的转型。随着自动标注技术的日渐完善，特斯拉内部负责人工标注的团队规模相应地经历了缩减过程。在 2021 年，该团队人数曾超过 1000 名，而到了 2022 年，特斯拉进行了大幅度的人员精简，裁撤了超过 200 个人工标注岗位。

除真实数据标注，仿真场景扮演着关键角色以弥补大型模型训练数据的不足。想象一下，AI 像变魔术一样，可以模拟出马路、汽车、行人的各种状况，给智驾系统"练手"。特别是在应对行车采集过程中难以频繁遭遇的边缘案例时，仿真技术可以通过反复模拟演练，有效解决现实场景信息采集不足的问题。

当前，仿真场景的主流构建方法依赖于游戏引擎技术，其旨在确保所创建的仿真环境在最大程度上与真实世界保持一致，并通过交通元素的重新整合与排列，增强模型在多样情境下的泛化能力。尽管在理论层面，精良的仿真数据完全有可能替代部分实物数据的采集任务，从而降低算法开发成本并提升迭代效率，但在构建极其逼真的仿真环境以及重现众多复杂且罕见的场景方面，仍然存在较大的技术难题有待攻克。

随着大模型技术的持续发展，仿真场景的泛化表现力有望大幅增强，这将有力支持汽车制造企业提升仿真数据在其自动驾驶模型训练中的应用比例，进而加速模型迭代进程，缩短整体研发周期，为自动驾驶技术的快速演进奠定坚实基础。

例如上文提到的吉利星睿数字孪生大模型，它不仅可以对真实采集的数据进行多模态分类检索及自动化标注，单日合成 10 万张有效标注数据的图片，还能基于真实数据利用风格迁移和元宇宙的生成能力，生成高度逼真的虚拟场景，10 小时内就能生成 1000 公里的感知场景。"如果我们要验证下雪场景下的自动驾驶能力，在杭州湾就很难实现，而仿真虚拟场景可以模拟'风、雨、雪'等场景。"陈勇介绍道。借助大模型，未来的自动驾驶验证周期预计可缩短 30%，开发成本节约 30%。

让产业链更高效，让营销更智能

和其他垂直行业一样，大模型的另一个重要作用是帮助整个产业链提升管理效率，实现降本增效。具体到汽车行业，大模型将对汽车的设计、生产制造智能化、智能营销和销售、智能运维保养等全生命周期业务产生影响。

众调科技在汽车营销和销售培训上的创新是具有代表性的大模型应用创新案例。众调科技成立于 2015 年，专注于汽车领域的大数据服务。

2019 年之前，公司专注在二手车估值和残值测算法领域，通过帮整车厂商构建残值算法平台，从保险公司销售车辆的融资租赁残值保险费中进行分成获取收入。

2019 年后，众调科技转型为汽车全链路数据智能服务商，围绕汽车营销、销售、售后和研发链路的各个环节进行拆解和产品打造，帮助车企实现业务升级和优化，在降本增效的同时提升客户体验。

多年在汽车领域的耕耘，让众调科技积累了大量汽车服务行业的数据和专业知识，为公司进军大模型领域奠定了数据基础。

2023年11月，众调科技推出了以阿里云通义大模型为底座的擎天行业大模型，率先在上汽通用汽车培训场景测试并发布，这标志着汽车行业大模型在营销与培训场景的首次成功着陆。

众调擎天大模型AI培训，是首个面向汽车培训场景的大模型垂直应用。AI培训产品基于擎天大模型以及销售培训语料库，构建了培训PPT与视频的AI生成、销售顾问培训对练以及知识问答功能模块，实现了汽车培训场景的"学、练、考、评、问"一体化。

现在车企普遍面临的一个问题就是新车型越来越多，而且越来越智能化，功能也越来越复杂丰富。销售人员对新产品的认知和理解速度往往不够快。另一方面，原先汽车销售培训都是依靠培训师人工培训，但有时公司人员变动太快，销售人员常常培训不过来。

这时AI培训可以通过角色扮演与受训人员进行对话互动，并且自动评估培训成果，指出话术交流中的错误，直到销售人员可以独立上岗为止。此外，大模型还可以根据销售人员的不足和短板自动生成培训课程，帮助他们改进销售技巧。

众调科技董事长、同济大学经济与管理学院教授郑鑫博士介绍道："在真实场景当中，比如在接待客户的时候，有的客户会问一些销售人员一下子回答不了的问题，比如说某款车到底有什么亮点、有什么新功能。我们就开发了一个AI问答功能，我们称之为永不下线的AI助手。"

当然，众调科技的目标不只停留在销售培训领域。据悉，擎天大模型已在汽车领域的智能座舱、自动驾驶、智慧营销、智能培训、智能制造、智能服务 6 大模块的 30 余个场景布局。

郑鑫博士表示:"众调科技将借助擎天大模型,对研发、生产、供应链、销售、服务、智驾和智能座舱等多个环节赋能,助力车企实现业务的升级和优化,提高效率、降低成本。这不仅将提升企业的品牌形象并促进销售目标的达成,还将整体改善用户体验,为客户企业创造更大的价值和竞争优势。在不久的未来,擎天大模型的应用还将拓展到汽车产业链生态中。"

第五节
"智能亚运"背后的全部秘密

2023年9月23日21时28分左右,第19届亚运会的主火炬在杭州市奥体中心主体育场熊熊点燃。

作为亚洲最高规格的国际综合性体育赛事,杭州亚运会开幕式自然吸引了世界各地观众的目光。与往届不同,杭州亚运会首次实现云上转播,这意味着再也不需要卫星、光缆以及赛场外常见的转播车、线下机房,亚运会开闭幕式和赛事画面,通过云端就能以"秒级"传播速度抵达世界各个角落。

杭州亚运会的办赛理念是"绿色、智能、节俭、文明"。很多人可能会好奇,其中的"智能办赛"到底是什么意思?"智能办赛"的确是个新概念,它也是在大型国际体育赛事的历史上首次被提出,既是杭州作为"数字经济第一城"应起的示范作用,也是本届亚运会的鲜明特色。

"智能办赛"不仅包括所有比赛在亚运会历史上首次实现云上转播,还有亚运核心系统全部上云,也体现为搭建云上亚运村、亚运钉以及用AI修复亚运史料项目等更多智能化场景和应用。

这是一届"智能的亚运"。

从"云上奥运"到"智能亚运"

阿里云与奥运的结缘始于 2017 年。这一年新年刚过，位于瑞士洛桑的国际奥委会总部进行公开招标，他们要选出奥林匹克全球合作伙伴赞助计划的云厂商。参与这场竞争的既有国际知名的微软云、亚马逊云，也有来自中国的头部云服务提供商阿里云，但只有一家能入选。

阿里云最终凭借在 2016 年"双 11"期间用聚云技术抵抗流量洪峰的能力，以及仅用 10 分钟时间就在现场部署好一个广播级的直播环境，打动了国际奥委会。从此以后，阿里巴巴成为国际奥委会唯一一个云服务合作伙伴，合同期至 2028 年。

在 2021 年举行的东京奥运会上，阿里云与国际奥委会旗下的奥林匹克广播服务公司一起打造了奥运转播云，替代了原来的卫星转播模式。云转播的效果初现：与里约奥运会相比，在转播中心缩小 25%、现场广播人员减少 27% 的情况下，依然实现了转播内容增加 30%。

2022 年北京冬奥会上，"云"的基础设施地位更加稳固，实现了全部赛事核心系统上云，云计算成为奥运会统筹调度、智能转播、节能减排的数字化转型中国方案。

这是 1964 年奥运会开始卫星电视转播以来的一次重大技术进步，奥运转播将不再需要搭建一个个实体机房，把笨重的转播车开到比赛现场，将转播信号通过卫星传输，而是凭借阿里云支持的奥运转播云，就能将比赛画面传向全球。

基于之前的合作，杭州亚运会时，阿里云已经有了扎实的支撑能力，在参与一场国际大型综合体育赛事上更有信心。凑巧的是，杭州亚组委规划将 5G、人工智能、大数据、区块链等技术全面运用到场馆运行、赛事组织和服务保障中，决心举办一届史无前例的"智能亚运"。

作为在杭州本地成长起来的企业，阿里云意识到自己有责任为杭州亚运会贡献力量，尤其在"智能亚运"愿景上责无旁贷，需要发挥关键作用。

一场紧张但又井然有序的"智能办赛"攻坚战就这样展开了。

在亚运会筹备期间，总部位于科威特的亚奥理事会一直与杭州亚组委保持紧密联系，随时就遇到的重大问题进行商讨。

2022年上半年，席卷全球的新冠疫情仍在肆虐，原定于当年9月举办的亚运会面临巨大的疫情传播风险。5月6日，亚奥理事会与杭州亚组委召开线上会议，经过讨论后决定，杭州第19届亚运会延期举办，赛事名称和标识保持不变。

此时，阿里云负责向亚运会交付赛事核心系统的团队，已经从2020年底的二三十人扩展到140人左右。而为了让赛事核心系统上云，阿里云已经将赛事管理系统、成绩发布系统以及赛事支持系统初步搭建好，并且已经在云上部署了充足的算力。

面对突如其来的变化，为了避免已经搭建好的云计算基础设施的资源浪费，他们依赖于云上灵活的调度能力，迅速释放了40%的算力，以便让更多用户使用。

虽然遭遇了意外情况，阿里云确保赛事核心系统上云的目标没有丝毫改变。成绩发布类系统群是亚运会赛事期间最重要的信息系统群之一，也是阿里云前期准备中重点测试的系统之一。

每一场赛事结束，在赛事成绩发布类系统群的调度下，比赛成绩从场馆的计时记分设备导入场馆成绩系统，向中央成绩系统汇集，以打印分发、信息发布、数据接口等不同模式向外界呈现。

要确保比赛成绩顺利发布，上述环节中的每一环都不能出错，比如场馆的计时记分系统。杭州亚运会共设6大赛区、54个比赛场馆，承载

40个大项、61个分项的比赛，整个数据量甚至比奥运会多1.5倍。这么大量的数据全部上云，需要非常复杂的基础设施搭建和调试。

2023年9月13日，杭州亚运会赛事成绩发布类系统群完成所有基础设施搭建和调试，正式上线。这标志着亚运会的赛事成绩发布、赛事管理、赛事支持等三大类核心系统群已全面部署完毕并投入使用。

杭州亚运会的"智能"，还体现在前文提到的这是首届在云上转播的亚运会。

经常收看国际体育赛事的观众肯定很清楚，在卫星转播的年代，现场报道国际赛事的成本极高，不仅需要建立庞大的媒体中心，还要临时部署远程转播基础设施，包括在现场配置转播车，搭建转播编辑套件及网络环境等。

例如，2016年里约奥运会时，搭建的转播中心就占地8.5万平方米。每一个国家的持权转播商都要把临时设备提前运送到里约，并在现场进行临时环境的搭建。等到赛事结束后，他们还要将这些临时的基础设施拆掉，再将它们运回自己国内。整个转播过程的流程十分复杂，成本也非常高昂。

但在杭州亚运会时，已经不需要像以前那么花钱了。这是一届实现云上转播的亚运会，也就是把所有复杂流程迁移到了云上。当比赛现场的流信号汇聚到转播商大本营——国际广播中心（IBC）后，IBC再将其转发到上海和北京的阿里云视频直播中心。直播中心经由阿里云位于中国香港、新加坡、印度孟买等地的节点，将比赛传送到阿里云在世界各地部署的3200个边缘节点，当地的转播商就可以选择最近的节点接入。

"这就好像在快递运输过程中，将客户的包裹送到距离他最近的菜鸟驿站一样。"阿里云搭建云上转播系统的相关负责人说。

与传统卫星转播模式相比，云上转播超越带宽和线下设备限制，提供了更丰富的画面信号和剪辑方式，转播商实时在线剪辑当地专属的比赛画面后，就可以将其传播给自己的受众。

更重要的是，云上转播系统的传输速度极快，可以实现亚运会比赛"秒级"传输。前文提到的亚运会开幕式的画面只需几秒钟就能传递到8000多公里以外的非洲南苏丹，延时几乎可以忽略不计。

阿里云内容分发网络负责人介绍说："比如说足球比赛时，在第0秒有一个进球动作，那么我们可以做到，让不管位于江浙沪包邮区，还是新疆、西藏等稍微偏远一些的地方，甚至东南亚、欧美等地区的用户，都能在一秒钟之内就看到这个进球。"

通过云上转播，本届亚运会在云上传输最大60路高清和超高清信号，总计超5000小时时长。除了赛事直播，杭州亚运会还在云上提供短视频、精彩集锦、赛事新闻等视频内容。

依靠阿里云搭建的云上转播，亚运会的转播变成了一个类似物流分发的过程，实现了"全球包邮"。用户不管在哪里，都能够跨越千山万水的阻隔，更快速、更高效、更稳定地观看直播内容。

透视"亚运村的大脑"

乒乓球奥运冠军许昕在杭州亚运会上并未代表国家队出战，但他早就听闻"智能、绿色、文明"体现在亚运会的方方面面和各种细节之中，为此他专门进亚运村体验了一天。

在亚运村，他第一站来到了徽章交换中心。徽章交换是以往国际赛事中常见的运动员休闲文化活动，也深受各国运动员喜欢。为了体现杭州亚运会的独特文化，阿里云搭建了一个集宋韵美学和智能交换于一体的徽章交换中心。

许昕在这里体验了一次"人机交换、实时互动"的智能化徽章交换——他换到了"中秋""孙悟空""五环"和"智能乒乓"四枚徽章。

在亚运村,许昕还注册了一个社区低碳账户。这是为了让入住的每位国内外"村民"都有为杭州亚运会碳中和贡献一份绿色力量的减碳途径所采取的办法。每个人拥有一个属于自己的低碳账户后,借助阿里云的能耗宝,就能观察到自己每一次出行的碳排放,比如步行、坐接驳车等到底对环境有何影响,促使他们采取更有利于环境的日常行为。

除了对文明、绿色的体验,在等电梯的过程中,许昕通过智能云TV,感受到了"智能"在亚运村中的应用,餐厅的人流量、健身房的使用信息,以及接驳车的实时位置等,都一览无余。

事实上,许昕对亚运村的体验还只是"云上亚运村"的一小部分。这个由阿里巴巴集团、阿里云与杭州亚运村运行团队共同打造的智慧化亚运村项目,由智慧园区、低碳账户、徽章交换三大板块组成,分别对应了杭州亚运会"智能""绿色""文明"的办赛理念。

"智能"包括的内容尤其丰富,首先它包括了一座智慧指挥平台,主要用途是让保障管理人员在数据大屏上实时全面地掌握上百条亚运村管理数据。

其次是一套数智管理工具,主要依托亚运钉而打造的办公系统。亚运钉是杭州亚组委和钉钉联合打造的全球首个大型体育赛事一体化智能办赛平台,它接入了行政审批、气象服务、会议服务、医疗服务等各业务领域的293个应用,还能支持汉、英、日、泰等13种语言的实时翻译,为不同国家的10万名赛事工作人员提供各项数字服务。

最后,"智能"还包含一个云端生活社区,它覆盖亚运村餐饮、交通、商业等服务,让运动员、媒体人士、技术官员、工作人员等通过这个社区就可以随时预约亚运村里的各项服务。

简单来说，云上亚运村就是亚运村的大脑，通过这个云上的中枢，亚运村的工作人员、媒体人士、运动员可以在线上实现他们各自的不同需求。

云上亚运村的数字化运营模式，不仅成为杭州亚运会取得的标志性成果之一，也为中国未来社区提供了样板。

将科技与人文结合的 AIGC 邮票

杭州亚运会举行时，正是人工智能在全世界掀起热潮之际，在这个全亚洲最受瞩目的体育盛会上，当然也少不了 AIGC 的身影。

2023 年 9 月 19 日，中国邮政联合阿里云正式推出首套亚运 AIGC 个性化实体邮票。通过阿里云通义大模型家族的 AI 绘画创作大模型"通义万相"，双方共同推出了实体邮票《智涌亚运·AIGC 杭州地标》以及"亚运 AIGC 个性化智能邮筒"。

该套个性化邮票是首套由人工智能大模型辅助生成的 AIGC 个性化邮票，共有 6 枚，对应着杭州人耳熟能详的 6 个地标，包括杭州奥体中心体育场、云栖小镇、杭州世纪中心、杭州西站、钱江新城以及西溪国家湿地公园。邮票上的这些地标图像并非原景照搬，而是采用虚实结合的表现方式，邮票的左侧为地标实景，右侧图像则应用通义万相大模型基于实景创作而成。

以大莲花（杭州奥体中心体育场）邮票为例，左侧是大莲花的实景图，它展现的是让所有人一眼便觉亲切的当下模样，右侧则是通义万相辅助生成的充满创意和想象空间的未来图像。两幅图组成的画面和谐统一，现在和未来的大莲花融为一体，让人在具有深厚历史沉淀的邮票文化中体会到了最潮的 AI 元素。

至于"亚运 AIGC 个性化智能邮筒",则是一个让所有亚运迷、媒体人、消费者可以通过互动进行个性化创作的 AI 绘画产品,背后的核心依然是通义万相大模型。

你只要在邮筒触屏的首页上,根据它的提示选择文字指令,或者根据自己的想法直接输入指令,比如选择"中国画风格的花鸟矢量插图",一张属于你的明信片很快就制作完成了。

你既可以选择在手机上保存该图片,也可以直接通过邮筒打印出来,再把它投进邮筒,由中国邮政直接寄送给你远方的亲友。

虽然只是一张小小的明信片,但它承载了每个人对于美好生活的向往,它也让每个人的情感融入其中,这也是 AIGC 发展到今天,科技与人文相得益彰、完美结合的又一经典案例。

重现 50 年前中国健儿的风采

在全国上下被杭州亚运会精彩纷呈的比赛所震撼时,许多人自然会回忆起中国第一次参加亚运会的场景。那是在 1974 年 9 月 1 日,第 7 届亚运会在伊朗首都德黑兰开幕,新中国首次派出运动员和教练员参加这个亚洲规模最大的体育赛事。

在为期 16 天的比赛中,中国代表团总共取得 33 块金牌、64 块银牌、27 块铜牌,位列金牌榜第三位。这个成绩意义重大,它首次向全世界展现了中国作为体育强国的实力,也为亚洲和世界体育事业注入了新的活力。

中国第一次参加亚运会的经历弥足珍贵,然而受制于当时的技术,50 年前中国参加德黑兰亚运会的影像资料,留下来的并不清晰,许多老照片也是黑白的,不能生动完整地呈现中国运动健儿的风采。

幸运的是，在人工智能技术如火如荼发展的当下，修复当年的老照片变得简单多了。在杭州亚运会举办前夕，即亚运会110周年之际，亚奥理事会官方资料馆联合阿里云发起"历久弥新——AI修复亚运会珍贵史料"活动，邀请全球的AI开发者参与亚运影像资料修复，让50年前亚运会的精彩画面重新亮相。

为此，阿里云提供了强大的技术支持，它的机器学习平台PAI预置了丰富的热门开源修复模型以及Stable Diffusion WebUI服务，开发者可以在PAI上自由组合多种算法进行修复，PAI新用户还可享受价值上万元的免费试用资源。

用AI修复亚运会珍贵史料活动总共吸引了1.5万人参与，活动举办方共收到1300多张修复照片，最终有50张照片入选了在杭州亚运会博物馆展出的"1974年德黑兰亚运会特展"。

每一个参观过特展的人都会被展出的照片打动：当中国参加的首届亚运会首金获得者苏之渤射击的画面从黑白变成了彩色，中国代表团入场时举着的五星红旗变得更加鲜艳，乒乓球健儿在赛场上的身影逐渐清晰，现在的人们仿佛与50年前的亚运会进行了一场跨时空重逢。

该活动的一位参与者更是感慨良多，在这次活动中，他修复了一张亚运会开幕式的照片。他说："看着运动员们在舞台上表演，我仿佛回到了那个时代，感受到了亚运会的激情和活力。这种感觉是非常难以用语言表达的，只有亲身体验才能真正感受到。"

"在修复过程中，我使用了Stable Diffusion WebUI进行交互式图像修复。这是一款非常强大的图像处理工具，可以实现高质量的图像修复、去噪和上色等。通过不断调整参数和算法，我可以获得最佳修复效果。例如，我可以使用去噪算法来去除照片中的噪点，使用上色算法来恢复照片的颜色，使用修复算法来修复照片中的破损和模糊部分等。"他说。

正如许许多多的活动参与者所说,这次活动不仅是一次照片修复活动,更是一次文化传承和历史回顾活动。

2023年10月8日晚,第19届亚洲运动会在杭州奥体中心体育场落下帷幕,亚奥理事会代理主席辛格在闭幕式上评价说:"本届亚运会精彩绝伦、令人难忘,取得了空前成功。"

杭州亚运会无疑创造了多个"空前绝后",尤其是作为"数字之城"和"互联网之都"的举办地杭州,让"智能亚运"大放异彩——首届云上亚运、首次在云上转播、首个"云上亚运村",让全世界为之震撼。

我们有理由相信,涵盖了"云""AIGC邮票""中国健儿首次参加亚运会的老照片"等各种细节的杭州亚运会,可以永久地保留在历史的长河里,被我们珍藏、怀念。

第四章

抓住大模型生态发展的主轴

作为新一代通用人工智能技术，生成式 AI 正蓄势待发，有望重塑我们所认知的世界。短时间内，一个崭新的产业生态正迅速崛起，而这股革新势力就像蒸汽机、电力和互联网等前几波颠覆性的技术浪潮，正在孕育出前所未见的发展趋势，可归纳为五大要点。

第一，仍处于起始期。若将第一个具有千亿参数的模型 GPT-3 诞生的 2020 年视为大模型产业元年，那么该产业刚满 4 周岁，仍处在蓬勃的技术成长周期内。大模型蕴含的潜能远未被完全发掘，整体生态体系呈现扩散式加速发展态势，尚未到达收敛稳定期，产业格局持续经历着剧烈的演变和重构。此刻，我们仅能捕捉到这一动态的瞬时画面。

第二，硬件逻辑回归。与边际成本基本为零的移动互联网时代相比，大模型的训练和推理成本仍居高不下。大模型大规模应用的商业模式能否成立，还要依赖于智能算力能否出现新的摩尔定律，让训练和推理成本每年呈指数级下降。在新的成本公式下，云计算平台的重要性更加凸显，只有借助强大的云计算平台对算力进行统一和多元调度，突破硬件和算力供给限制，大部分企业才能让 AI 能力在业务中落地生根，创造价值。

大模型时代更像 PC 时代开启时，开创了新的人机互动模式，大大提升了人们工作和创造的效率。现阶段，大模型更多是赋能目前的商业生态而非颠覆现有格局。

进而推演，大模型可能带来的是生产力和创造力的跃迁，而非商业模式和商业场景的创新。例如移动互联网时代，更多是使用场景的创新，容易产生新的用户群体、商业模式与流量入口。

第三，全能 AI 引发行业整合。大模型是迈向通用人工智能的重要台阶，与以往的数字技术创新相比，其显示出超强的通用性。因此，模型厂商出现了非常强的垂直整合和跨界整合趋势。例如一些早期做专项小而美应用的初创公司就被大模型越来越强的能力替代，但这并不意味着初创企业的生存空间被挤压；深入应用端，为客户创造增量价值，避免单纯的工具化将成为它们突围的方向。

第四，碎片化的商业环境。与互联网时代"世界是平的"不同，大模型时代与逆全球化和全球商业环境碎片化的时代相互重叠，这给企业发展带来了严峻的挑战，当然也给了本土模型和智能算力企业新的机遇。当我们在分析大模型生态各个分层时，我们也不得不将市场进行分隔，这样才能更客观地反映不同市场的现实。

第五，科技巨头引领。大模型是大数据、大算力、大模型的产物，因此在基础模型层，其创业的成本要远高于前几次通用科技浪潮，且特别依赖于云计算厂商的算力支持。例如 OpenAI 如果没有微软 10 亿美元的全力支持，很难押注大模型的智能涌现。阿里巴巴集团董事会主席蔡崇信则曾表示：中国 80% 的科技企业和超过一半的 AI 大模型公司跑在阿里云上。在基础模型层中，表现出色的初创公司大多是由互联网科技巨头所支持的，例如微软支持的 OpenAI，谷歌和亚马逊则押注了 Anthropic，阿里巴巴和腾讯则投资了智谱 AI 与百川智能。上个时代赚得盆满钵满的 VC（风险投资）和孵化器们在本轮 AI 大战中表现相对暗淡，例如在美国市场，并没有行业领先的大模型初创企业在 VC 的领投下出现。

另一方面，中美科技巨头在投资当红的大模型初创公司以外，也都在积极布局研发自己的大模型，这让市场格局更加扑朔迷离。

综上所述，以上五个趋势共同构成了大模型行业发展的主线，为我们洞悉大模型生态系统的未来走向提供了更为明晰的视角。

当下，大模型产业生态有三个主要的分层。在底层的是基础设施及大模型工具和服务层，主要为模型训练和模型推理提供算力、数据标注、模型开发等服务。第二层为模型层，顾名思义，是大模型生态的核心，也是各家厂商比拼模型能力的重要战场。第三层为应用层，这一层聚集了大量初创公司，它们或聚焦于让大模型落地，赋能各行各业，或创造出新的体验和流量入口，服务于 B 端或 C 端（见图 4-1）。

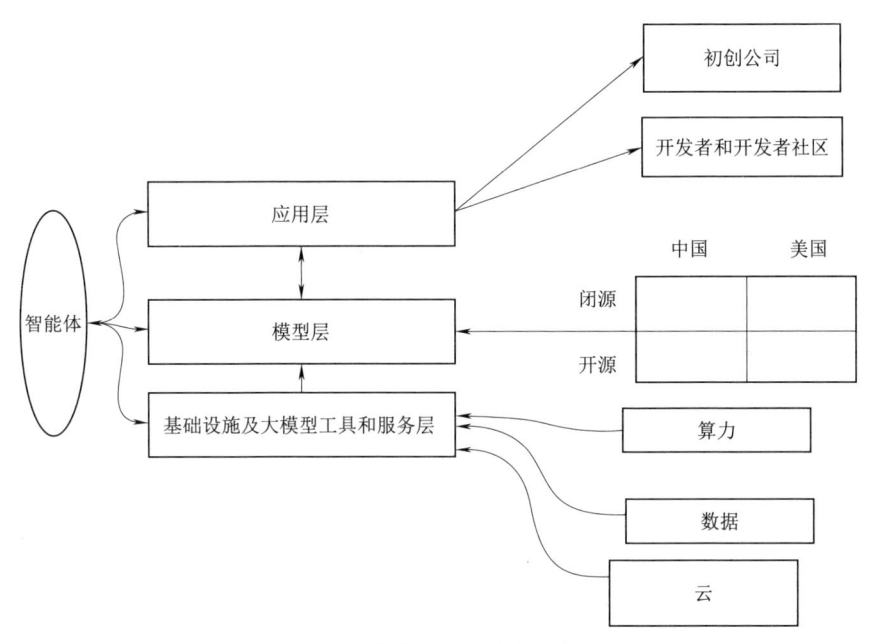

图 4-1 大模型产业生态示意图

第一节
模型层："百模大战"与开闭源路线交织的模型生态

我们首先聚焦位于生态核心的模型层。从全球范围看，基础大模型的竞争主要由中美两个市场主导，其中美国企业开创了这轮大模型潮流，而中国企业在其后紧紧追赶，欧洲市场也有个别初创企业出现，但在体量上和中美两国不可同日而语。《经济学人》报道，2022年美国大模型投资总额达到了474亿美元，第二名中国则达到了134亿美元。2023年全年数据还没有公布，但总额和增速均超过前一年。

如果我们以欧美和中国两个主要市场为横轴，开源和闭源两种商业模式为纵轴，则可将当下的基础大模型市场分为四个象限。了解了四个象限里的主要企业，我们也就基本掌握了目前基础大模型的市场生态。

泾渭分明的欧美市场

先看欧美市场，表现最突出的三家闭源大模型公司分别是OpenAI、Anthropic和谷歌的Gemini。由于前文已经介绍过OpenAI研发大模型的过程，此处不再赘述。但需要注意的是，OpenAI仍被公认为掌握了大模型核心秘密的公司，其领先地位尚未动摇，其他公司还处于追赶状态。

与OpenAI师出同门的Anthropic

2020年，OpenAI负责开发GPT-2和GPT-3的研究副总裁达里奥·阿莫迪（Dario Amodei）和安全政策副总裁丹妮拉·阿莫迪（Daniela Amodei）选择离开OpenAI，创建了Anthropic。短短三年后，兄妹两人的公司以超180亿美元的估值寻求新的融资，俨然已经成为OpenAI在全球最大的竞争对手之一。

阿莫迪兄妹和OpenAI分手，既有桌面上的理念之争，也潜伏着资本的暗流涌动。"反叛"的兄妹两人在OpenAI各自担任要职，达里奥主导了GPT-3的研发工作，丹妮拉则负责公司的风险与合规工作。也许是由于丹妮拉扮演着"守门人"的角色，兄妹两人在发展通用工人智能的节奏上偏向保守，与激进的技术加速派CEO萨姆·奥尔特曼在理念上有严重分歧。两人认为，AI的发展要首先保障人类的安全。后来OpenAI爆发的"宫斗"大戏，也再次印证了OpenAI内部技术加速派与伦理派之间长期存在的矛盾，这也是当前所有大模型公司，乃至整个人类社会必须解决的挑战。

当然，理念不合只是原因之一。硅谷从来痛恨垄断和一家独大，传统的科技巨头最不想看到OpenAI全面倒向微软的局面出现。阿莫迪兄妹出走，"正好"与微软向OpenAI伸出橄榄枝的时间段重合。

Anthropic成立后也迅速获得了谷歌、亚马逊和赛富时三家巨头的投资。其中谷歌持股达到了10%，而亚马逊云则在2023年底与Anthropic达成独家合作协议，独占其对话模型Claude 2的某些企业服务功能。

在巨头的支持下，Anthropic的估值迅速增长，已经成为OpenAI的最大竞争对手之一，它们也是目前全球估值最高的两家大模型初创公司。

与 OpenAI 相对激进的商业化态度不同，Anthropic 显得低调很多。达里奥·阿莫迪曾在接受媒体访问时表示，Anthropic 始终把安全和稳定性当作首要问题进行考虑，这是因为公司目前的主要客户是 B 端客户，而安全性也是这一客群最为关注的点。

基于对安全性的高度重视，Anthropic 推出了 Constitutional AI（宪法 AI）的概念，指在模型设计和训练过程中融入约束和监督，大模型系统遵循特定的行为规范，类似于社会契约和宪法对公民的要求。达里奥认为，Constitutional AI 将促使 AI 与大众利益相一致，提高人机合作与互信的基础。这也被视为 Anthropic 开发 Claude 的核心设计理念之一。

姗姗来迟的 Gemini

作为老牌 AI 领军者，谷歌也不甘一直被 OpenAI 压制。受限于基础模型的能力，被寄予厚望的对话应用 Bard 并没有给 ChatGPT 带来实质性的威胁。终于到 2023 年底，谷歌推出了 Gemini，其开发团队正是在人机围棋大战中一战成名的 AlphaGo 的开发团队——DeepMind。在纸面上，Gemini 是谷歌目前最强大的基础模型。

在谷歌提供的各种测试成绩中，Gemini 都超越了 GPT-4。在大规模多任务语言理解测试里，Gemini 还超越了人类专家，成为首次在该子任务中超越人类的 AI。

抛开这些技术指标，在发布演示中最引人注目的是 Gemini 强大的多模态能力。在演示中，其对人类画出的涂鸦的理解能力让人感到震惊。

尽管技术演示非常惊艳，但事后也有新闻爆出谷歌在演示中作弊，对多模态演示视频进行了人工剪辑——在多次推理任务中选择了较好的结果。但无论如何，Gemini 已经展示了其强大的技术能力，在实际使用中能实现多少，还需拭目以待。

在开源领域，目前最引人注目的两家欧美公司就是 Meta 和 Mistral。

另辟蹊径的 Meta Llama 2

与前两家公司不同，Meta 和其 Llama 系列率先占据了开源大模型的生态定位。在互联网巨头中，Meta 和其前身脸书其实在 AI 领域早已布局，特别是对顶尖 AI 科学家的招募。在"深度学习之父"辛顿加入谷歌后，脸书紧随其后，在 2013 年将与辛顿并称为"AI 三巨头"之一的杨立昆（Yann LeCun）招致麾下，成为首席 AI 科学家。

Meta 没想到的是，Transformer 和 GPT-3 在大模型方向上的爆发，一下让 Meta 落后 OpenAI 和谷歌几个身位。面对不利局面，Meta 另辟蹊径地选择了"团结群众"的开源路线，一举成为 AI 时代的开源先锋。

2023 年 2 月 Meta 发布了 Llama 一代开源大模型，从此这只"羊驼"与 Java 企鹅和 GitHub 章鱼猫一样，成为"开源动物园"的明星之一。2023 年 7 月，Llama 二代发布，这款 700 亿参数的大模型已经成为全球最受欢迎的开源大模型。

在算力方面，截至 2023 年底，Meta 已经是全球采购 H100 显卡数量最多的企业，甚至超过了拥有大量智能算力云服务的微软，这显示其全力投入 AI 的决心。

开源路线也让 Meta 挽回了元宇宙概念遇冷带来的颓势。2024 年开年一个月，Meta 的股价飞涨 20%，这反映出市场对其在 AI 领域的认可。

异军突起的"小模型"Mistral

2023年12月,一家位于法国巴黎、成立仅半年、员工数仅为22人的AI初创公司在短时间内异军突起,成功筹集到3.85亿欧元的A轮融资。投资者队伍星光熠熠,包括a16z、光速创投、赛富时和法国巴黎银行等知名机构。这次融资使得该公司的估值在短短6个月之内暴增7倍多,突破20亿美元大关,迅速晋级独角兽行列,并创下了开源公司史上最快的融资速度纪录。

Mistral之所以能够在业界引起广泛热议和高度关注,主要原因在于它发布的两款大模型产品引领了两股极具革新意义的潮流。

首先,Mistral 7B模型虽仅拥有40亿参数,却在各项性能测试中超越了参数量为其3倍多的Llama 14B模型。这一现象有力地证实了模型效能的关键不仅在于参数总量,更在于模型训练方法和参数优化的精妙程度。换言之,即便模型尺寸相对小巧,只要每个参数权重设置得当,就能够释放出超出预期的强大效能。由此,Mistral 7B的成功推动了业界重新审视和重视模型大小与性能关系的"小模型热"。

其次,Mistral 8x7B作为一款典范性的混合专家模型,其结构由8个独立的专家子模型构成,总参数量达到467亿。尽管如此,其表现却超越了Llama-2-70B(参数量为700亿)和GPT-3.5。值得一提的是,Mistral 8x7B在处理每个token时仅需通过127亿个参数运算,极大地提升了计算效率和资源利用率。这促进了混合专家架构在人工智能领域的广泛应用和流行趋势。

群雄并起的中国市场

欧美市场各家大模型企业各自的技术优势和商业模式都相对清晰,

而中国市场的竞争更加碎片化，变化速度也更快，各家大模型企业的技术定位也还相对模糊和同质化。

由于初期没有像OpenAI这样具有明显技术优势的大模型公司出现，中国大模型市场很快进入"百模大战"的阶段。国家互联网信息办公室公布，截至2024年3月，我国共有117个生成式人工智能服务完成了备案，包括通义千问大模型、文心一言、智谱清言（ChatGLM）、云雀大模型、abab、日日新、星火认知大模型、华为云盘古NLP大模型及滴滴出行大模型等。参与竞争的包括初创公司、科技行业巨头和互联网平台企业等三方势力，形成了一个多方混战的格局。

此外，由于软件生态没有美国市场成熟，中国大模型企业在开闭源路线的选择上也更加灵活兼容，更多是根据市场需求提供不同的开闭源选择，而非像Llama和GPT一样泾渭分明。

从本质上看，开源和闭源的选择是两种商业逻辑的选择。开源更看重生态的建设，先推动大模型产业的建设，再谋求商业化变现的机会；而闭源路线则更注重打造产品的稳定性和体验，用产品去赢得客户。这体现的是每家公司对企业战略和行业生态的不同思考。

目前，中国大模型在路线选择上分为两种主流路线：第一种是闭源，例如云厂商的代表百度、腾讯和华为等都采用闭源大模型路线；第二种则是开源和闭源兼顾，例如百川智能在发布Baichuan-7B、Baichuan-13B开源大模型后，又发布了Baichuan-53B闭源大模型。此外，出身于院校研究院的智谱AI的GLM是开源大模型，但也为客户提供闭源大模型服务。值得一提的是，阿里云是全球云厂商中对开源模型支持程度最高的企业之一，通义大模型系列在2023年完成了全尺寸和全模态的开放。

通义大模型：打造 AI 时代最开放的大模型

提起阿里云旗下大模型，公众可能首先想到的是通义千问。实际上，阿里云在此之前就已经深耕深度学习和大模型的研发多年，是全球投入生成式 AI 最早和开放程度最高的企业之一。

算力是训练和推理大模型的基础，2014 年阿里云发布了人工智能平台 PAI，利用高性能云计算降低大数据存储和计算成本，还具备相应的工具和算法库，进而降低人工智能技术的门槛。2017 年，人工智能平台 PAI 2.0 正式发布并对外提供服务，这次技术迭代的改进之处就是其编程接口完全兼容当时主流的深度学习框架，包括 TensorFlow、Caffe 以及 MXNet，让用户方便地利用云计算平台来开发 AI 技术应用。在当下，人工智能平台 PAI 更是为大模型企业提供全链路 AI 工程平台和服务，实现数据处理和推理加速，支持高性能分布式模型训练、自动容错，简单易用、快速部署，让百川智能的大模型实现月度迭代。

发展至今，阿里云已经成为中国智能算力最充足的云服务提供商之一。这些智能算力不但满足了通义系列大模型的需求，根据阿里巴巴集团董事会主席蔡崇信的介绍，还要支持一半以上的国产大模型的训练和推理。

在算法领域，阿里云也持续投入，探索大模型研发。2021 年，阿里云推出了首个大规模中文文本预训练语言模型 PLUG，参数量达到了 270 亿，是当时参数量最大的中文模型。同年 6 月，M6 多模态模型发布，其在电商领域的尝试，也让它成为中国首个实现商业化落地的大模型。

正是这些探索和尝试，为后来通义大模型系列的诞生铺平了道路。

2022 年 9 月 2 日，通义大模型系列正式问世。值得注意的是，通义并不是指单独的基础模型，而是阿里云在大模型领域的一个完整模型系列。后来大名鼎鼎的通义千问、通义万相等产品，以及 Qwen-7B、

Qwen-14B 和 Qwen-72B 等开源模型，都来自通义家族（见图 4-2）。

2021年6月
发布低碳版大模型M6，开源深度语言模型体系AliceMind

OpenAI发布ChatGPT

2023年4月
发布通义千问1.0

2023年8—9月
开源Qwen-7B、Qwen-14B和Chat版本

2023年11月
开源Qwen-72B、Qwen-1.8B和Qwen-Audio

2021年4月
发布270亿参数模型PLUG

2022年9月
发布通义大模型系列，打通PLUG、M6和通义CV

2023年7月
发布通义万相

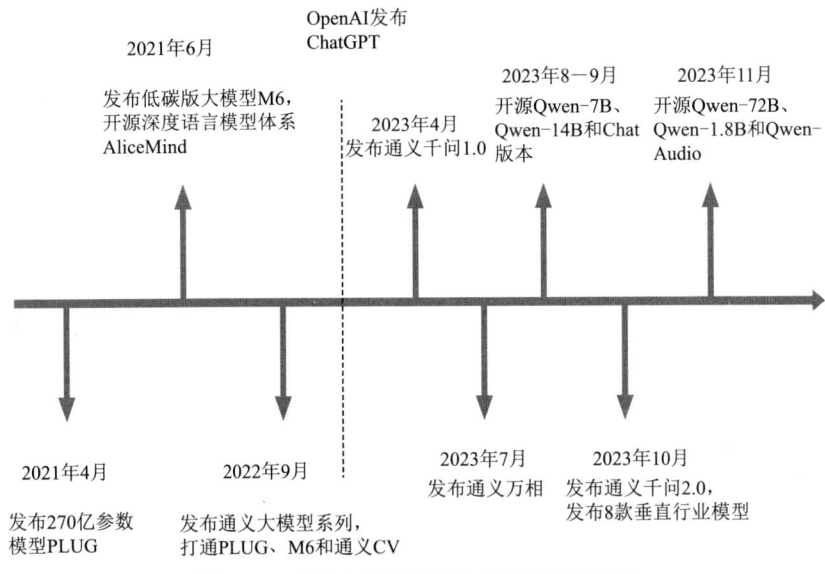

2023年10月
发布通义千问2.0，发布8款垂直行业模型

图 4-2　通义大模型系列的发展和开源历程

业界的一种观点认为，单一大模型犹若孤岛，难以实现认知智能乃至通向通用人工智能的宏伟目标。唯有整合参数各异的基础模型、多模态模型及行业垂直模型等多元力量，才能构建起通向通用人工智能的台阶。

首次发布的通义系列实际上是打造了一个统一底座，并构建了大小模型协同的人工智能体系，将为人工智能从感知智能迈向认知智能提供先进基础设施。

从整合多个基础模型并致力于构建人工智能架构这一系列举措可以看出，阿里云的目标远不止于简单复制或对标国外已有的技术成果。其更深层次的战略意图在于通过自主研发和技术创新，实现从感知智能到认知智能的跨越，最终迈向通用人工智能的发展阶段。

2023年4月7日,阿里巴巴自己的"GPT"——通义千问正式上线,并邀请企业用户进行测试。作为阿里巴巴首个直接面向公众的大模型产品,它的表现代表了阿里云在大模型领域的实力,自然引得各方关注。

通义千问没有让人失望,在各种刁钻问题的挑战下,它都出色完成了任务。尤其是在中文场景下,通义千问展现了显著优势,它针对中国用户的语言习惯和文化背景进行了深度定制优化,从而在多个方面展现出超越 GPT-3.5 的性能水平。

2023年7月,阿里云推出的 AI 绘画创作大模型"通义万相"进入了定向邀请测试阶段。该模型整合了文生图、图生图等功能,能够辅助用户进行各类图片设计与创作活动,显著降低艺术设计、游戏开发及文化创意等领域的创作门槛。

通义万相构建于通义实验室,是阿里云前期在大模型技术研发领域长期积累和深度研发的成果体现。

在技术实现上,AI 首先对输入图像进行深度学习的解析和特征抽取,将复杂的图像内容分解为多个具有独立含义的设计元素,如配色方案、草图结构、布局样式、艺术风格、语义信息以及材质纹理等。每张图片都通过这一过程转化为一组可操控的元素集合。

然后,大模型基于这些元素以各种可能的方式重新排列组合,形成全新的视觉表达。如果有 100 张图片,每张图片都可以拆分成 8 种不同的设计元素,则理论上所有图片元素的组合将达到 10 的 8 次方种,这无疑是一个天文数字级别的"组合爆炸",极大地拓展了创意设计的可能性。

与市面上其他文生图大模型相比,通义万相的优势在于它是一个多层次、满足不同需求的 AI 产品。通义万相的负责人付非凡介绍,模型第一层是基础的文生图模型层;第二层是行业层,团队根据一些行业共通的痛点，例如电商 IP 营销中的模特换装、海报生成等场景，针对性开发形成标杆式应用；第三是自定义层，通义万相支持 Lora 和 Dreambooth 等高效精调工具，以及各种第三方插件，这样开发者或客户就可以基于通义万相模型，快速定制自己专属的行业应用。

如果将大语言模型"通义千问"和多模态大模型"通义万相"比喻成人工智能的两大基座，那么在其基础之上，就可以生长出无数针对各个行业和功能的定制化模型，帮助各个领域的专业人士，产生真正的业务价值。基于两大基座模型，通义家族推出了 8 款行业模型，它们是：

- 通义灵码——智能编码助手：能够提供代码自动补全、实时续写、自然语言转代码等功能，帮助开发者提升编码效率和质量。
- 通义智文——AI 阅读助手：能高效阅读网页、论文、图书等材料，为用户提供内容摘要、关键观点提炼及快速理解文章主旨的服务。
- 通义听悟——工作学习 AI 助手：能提供音视频内容的实时转写、角色区分、多语言翻译、内容摘要、结构化整理等服务，特别适用于会议记录、课堂学习、媒体制作等多种场景。
- 通义星尘——个性化角色创作平台：能创造出具有独特性格设定和对话风格的角色对话智能体，应用于虚拟角色扮演、智能 NPC 对话等多个领域。
- 通义点金——智能投研助手：能够深度解读财报研报、轻松分析金融事件、自动绘制图表表格、实时分析市场数据，助力用户对话金融世界。
- 通义晓蜜——智能客服：能提升企业客户服务体验和效率，实现全渠道智能化服务。
- 通义仁心——个人专属健康助手：能提供智能诊断、患者咨询、医疗知识检索等医疗服务，助力医疗健康行业的智能化发展。
- 通义法睿——AI法律顾问：能提供智能法律咨询服务、合同审查、法规检索、案例分析等功能，助力司法行业提高效率与准确性。

阿里云之所以推出行业专属的大模型产品，其背后逻辑在于认识到基础大模型本质上提供的是一种普适性智能能力，其训练数据来源相对固定且静态，难以充分满足专业领域对专业知识的需求。为了确保大模型能够在不同企业中落地应用并产生效益，就需要针对各个行业研发垂直领域的行业大模型。

如果将基础大模型比作接受过全面通识教育的本科毕业生，那么行业大模型则可以看作各个细分领域的研究生，它们具备了所在行业的深厚专业知识与技能。

2023年10月，仅仅上线半年后，通义千问就进行了迭代，升级至2.0版本。通义千问2.0在性能上取得巨大飞跃，相比4月发布的1.0版本，它在指令理解、文学创作、通用数学、知识记忆、幻觉抵御等能力上均有显著提升。阿里云公开披露的数据显示，通义千问的综合性能已经超过GPT-3.5，加速追赶GPT-4。

通义千问2.0在10个国际主流的基准测试集中表现优异，其综合得分超越了Meta研发的Llama-2-70B模型；与OpenAI的GPT-3.5相比，在10场"对决"中赢了9次，只输了1次；与最先进的GPT-4相比，尽管成绩暂时是四胜六负，但整体差距正在显著缩小。

不开放，无生态

在大模型开源和闭源的选择上，云计算巨头的选择也各有不同。

在美国市场，微软押注了OpenAI，而亚马逊和谷歌则支持了Anthropic；在中国市场，无论是百度的文心一言、华为的盘古，还是腾讯的混元，无一例外地选择了闭源路线。

　　这种决策背后的逻辑也很简单。首先是出于成本考虑。开源大模型和开源软件的商业逻辑不一样。由于硬件发展的摩尔定律让基础算力成本无限降低，开源软件研发可以因为独立开发者的广泛参与而摊薄成本，但开源大模型训练和推理成本太高，开发者参与可能反而推高创新成本。

　　其次是对商业模式的理解。所有企业都需要判断 AI 对商业模式的影响，到底是用生成式 AI 对现有业务进行赋能和增值，还是重新创造一个全新的生成式 AI 生态。一般来说，已经占据大量市场份额的巨头公司倾向于前者，这样可以减少新技术对现有强势业务的冲击。云厂商显然属于这一类别，因此其中绝大多数都选择了闭源赋能的路线，例如微软的 Copilet 使用 OpenAI 的技术让其 Office 三件套更强大。

　　阿里云则独树一帜，成为云计算行业在大模型赛道的"逆行者"。在 2023 年的云栖大会上，阿里巴巴集团董事会主席蔡崇信反复强调的一个关键词就是"开放"："我们坚信，不开放就没有生态，没有生态就没有未来。"

　　2023 年 8 月 3 日，阿里云决定将通义千问系列大模型的部分版本开放源代码，其中包括一款 70 亿参数的通用模型 Qwen-7B 以及专门针对对话场景优化的 Qwen-7B-Chat 模型。随后在 9 月 25 日，阿里云进一步开源了更大规模的 140 亿参数模型 Qwen-14B 及其配套的对话专用版 Qwen-14B-Chat，并延续了全社会免费开放使用的政策。

　　在多个权威评测中，Qwen-14B 模型的多个指标已经超越了同等规模的模型，甚至已经接近了 Meta 最强的开源模型 Llama-2-70B，受到了国内外开源社区和开发者的关注。人人都在期待，阿里云在开源这条路上还会走多远，是否还会拿出更多的惊喜。

　　真正的重头戏在 2023 年 11 月 30 日上演，阿里云宣布开源通义千问Qwen-72B、Qwen-1.8B和音频理解大模型Qwen-Audio。

具有720亿参数的大模型Qwen-72B目前在10个权威基准测试集中创下开源模型最优成绩，成为业界最强开源大模型，性能超越开源标杆Llama-2-70B和大部分商用闭源模型，部分成绩超过了GPT-4.5和GPT-4。

在此之前，中国市场还没有一款能够匹敌Llama 2的开源大模型，Qwen-72B的出现对国内的中小企业和科研机构来说无疑是一个福音。

Qwen-72B"向上摸高"，抬升了开源大模型的尺寸和性能天花板。另一开源模型Qwen-1.8B则"向下探底"，成为尺寸最小的中国开源大模型。别看这款模型参数较少，但其性能却一点都不弱，远超同参数量的小模型。更重要的是，它大大降低了推理和微调的成本，最小仅需要1.5G显存，可以轻松部署在手机等消费类终端上。

Qwen-1.8B和Qwen-72B一小一大，加上之前已经开源的Qwen-7B、Qwen-14B和视觉推理模型，阿里巴巴也终于建立起一个"全尺寸、全模态"的AI开放生态，展现了其让AI更普及的雄心壮志。

阿里云首席技术官周靖人在发布会上表示，开源生态对促进中国大模型的技术进步与应用落地至关重要。通义千问将持续投入开源，希望成为"AI时代最开放的大模型"，与伙伴们共同促进大模型生态建设。

建设大模型应用生态

要做好开源，光有强大的模型可能还不够，还需要开源社区以及大模型服务平台的支持，例如Hugging Face已经成为全球最大的AI开发者社群，助推了AI应用生态的发展。在这两个方面，阿里云也进行了布局。

早在2022年，阿里云就牵头建设国内首个AI开源社区魔搭。在魔搭平台上，所有模型开发者、生产者都可上传模型，验证模型的技术能力，探索模型的应用场景和商业化模式。

在模型服务平台方面，PAI-灵骏基于阿里云雄厚的智能算力资源，为大模型训练和应用开发提供源源不断又稳定可靠的算力。

而灵积则是阿里云提供模型即服务功能的平台。除了提供自家通义系列开源模型，灵积还能为第三方大模型提供训练、推理、部署、精调、评测、产品化落地等工具链，为投身大模型领域的企业提供低成本、高灵活度的选择。

在魔搭社区，目前已经上线的国内外一流第三方大模型包括Meta的Llama 2、智谱AI的ChatGLM、清华大学的ChatGLM、百川智能的百川开源大模型等。

随着模型（通义）、社区（魔搭）和平台（灵积）之间的互动不断强化，一个良性循环正在驱动开源大模型生态的茁壮成长。当前，这一生态体系已初现规模，并在持续扩展中。事实上，一系列的企业、学术机构以及创新团队已经成功地依托阿里云的大模型生态实现了应用实践。

华东理工大学的心动实验室（X-D Lab）专注于将AI技术运用在社会计算与心理情感研究领域，基于开源的通义千问大模型构建了多个垂直领域的应用。其中，MindChat（漫谈）是针对心理健康研发的模型，主要提供情绪疏导、心理测评等服务；Sunsimiao（孙思邈）则是医疗健康方向的大模型，为用户提供药物指导和养生建议；GradChat（锦鲤）专为教育与考试场景设计，为学生提供职业规划、升学指导以及出国留学等的相关咨询。

X-D Lab团队强调，在评估可持续性、生态整合及场景适应能力等方面时，通义千问模型展现出了极高的适用性。实际合作案例中，团队仅使用20万token的数据对通义千问基座模型进行微调，即实现了超越另一个采用百万级数据进行微调的模型的性能表现，这不仅验证了通义千问模型的强大基础能力，也体现了团队在行业知识与调优技术方面的深厚积累。

对于新推出的720亿参数的大模型，团队成员表达了强烈的探索欲望，尽管受限于高校的计算资源，可能不会直接用它搭建推理服务系统，但他们计划借助Qwen-72B进行学术层面的研究尝试，例如利用联邦学习算法处理数据安全问题。同时，团队期待Qwen-72B模型能够在推理效率和成本控制上取得突破，从而更好地服务于相关应用场景。

对于像有鹿机器人这样的初创公司，闭源商业大模型显然是公司无法承担的，能否找到物美价廉的开源大模型至关重要。该企业专注于结合大模型技术和具身智能，旨在赋予各类专业设备以智能化能力。有鹿机器人已在其路面清洁机器人的研发中集成了Qwen-7B大模型，使得这些机器人能够运用自然语言与用户实时交流互动，精准理解并执行用户的指令。

对于为何选择通义千问大模型，有鹿机器人公司的创始人兼CEO陈俊波回答道："市面上能找到的大模型，我们都做过试验，最后选了通义千问，原因在于：第一，它是目前至少在中文领域能找到的智能性表现最好的开源大模型之一；第二，它提供了非常方便的工具链，可以在我们自己数据的基础上快速地去做微调和各种各样的试验；第三，它提供了量化模型，量化前和量化后基本上没有掉点，这对我们非常有吸引力，因为我们需要把大模型部署在嵌入式设备上；第四，通义千问的服务非常好，我们有任何需求，它都能快速响应。"

浙江大学联合高等教育出版社、阿里云等发布智海-三乐教育垂直大模型，它以通义千问70亿参数开源模型Qwen-7B为基座，基于核心教材、领域论文和学位论文等教科书级的高质量语料及专业指令数据集，进行继续预训练和微调而成。它集成了搜索引擎、计算引擎和本地知识库等功能，可提供智能问答、试题生成、学习导航、教学评估等服务。

目前，智海－三乐已经在高等教育出版社云服务平台上开放，在全国 15 所高校的计算机领域本科教育教学改革试点工作计划（简称"101 计划"）核心课程"人工智能引论"中应用。

阿里云的一系列战略行动，无论是推动模型开源还是构建开放生态体系，都是为了催化一个正向循环的市场机制，即"模型能力越强，其应用范围越广泛、用户基数越大，进而促进所需算力不断提升"。这种先做大生态，再谋求商业化的长期主义战略，也许才是让大模型和生成式 AI 加速在中国市场落地的正确做法。

智谱 AI：专注于基础模型创新的领军企业

智谱 AI 的故事应该分为两个部分，第一阶段是清华大学知识工程实验室（KEG 团队），第二阶段则是 CEO 张鹏引领的创业征程（智谱 AI 团队）。

脱胎于院校实验室，让这家初创公司具有一种与众不同的学术气质和对技术发展的敏锐洞察。这些特质让这家公司在大模型赛道抢占了先机，获得了大量初始技术积累，也让它成为中国最受关注的大模型初创公司之一。

张鹏在清华主要研究的方向是知识工程，这门学科最早还要追溯到 20 世纪盛行一时的知识图谱，这曾经是典型的符号主义 AI 研究的方向。张鹏认为："知识工程是研究知识的获取、表示和利用问题，它既可以用逻辑推理和知识图谱这样的符号主义方式去解决，也可以依靠神经网络和深度学习的方式。"

如果我们将知识的获取和利用视为通用人工智能的重要特征之一，

那么可以说，智谱AI团队很早就确立了一个更远大的创业目标——实现通用人工智能。因此，和很多在ChatGPT横空出世后争先恐后杀入大模型赛道的创业者不同，智谱AI团队在创业一开始就显示出一种水到渠成的顺畅。

这源于他们对技术趋势的敏锐观察。KEG团队的第一个重要产品要追溯到2009年的AMiner。这款产品以知识图谱为基础，基于对科研人员、科技文献、学术活动三大类数据的分析挖掘提供科研信息服务，其中一个就是判断技术的成熟度曲线，帮助研究者判断技术研究的走向，从而制定研究投入决策。

团队注意到，2015年后，深度学习在自然语言处理领域的应用出现了爆发式的增长，特别是GPT-2和BERT的发布，预训练模型的表现出现一个爆发式的突破，几乎已经成为一个必然。

长期服务科研团队进行决策的KEG团队，自然不会忽视这样一个巨大的机遇，他们躬身入局，投入大语言模型的训练。2020年GPT-3的发布惊艳了整个学术界，也坚定了团队的信心，全力投入大模型的研发。

GLM-130B大模型的诞生

彼时，在中国进行模型研究面临巨大挑战。由于缺乏大模型训练需要的巨大算力，很多学术研究只能停留在"空中楼阁"的阶段。另一方面，当时高质量的预训练大模型都很少开源。

尽管团队2021年训练完成百亿参数模型GLM-10B，同年利用MoE架构成功训练出收敛的万亿参数稀疏模型，但后者的智能涌现能力不如拥有千亿级参数的稠密大模型。本着开放共享的学术精神，团队立下目标，要开发出世界上任何一个人都可以免费下载的千亿参数模型，并且基于一个消费级GPU就可以使用。

2021年12月，在内部的一个头脑风暴会议上，团队提出训练千亿参数大模型的雏形。当时的想法是预训练一个高精度的双语模型（中文/英文），并将其免费开放。

然而，作为一个院校研究团队，开放千亿参数模型要面临诸多挑战，最主要的有三个。

- 缺乏高质量的预训练算法：针对双语的高质量预训练算法还有待验证和提升。
- 缺乏快速推理方法：快速推理方法是保证模型能在低配GPU服务器上运行起来的基础，也是让每个人都能用上千亿参数大模型的关键。
- 缺乏计算资源：很难有机构愿意赞助如此大花费的项目，并将其免费公开。

解决前两个问题的钥匙，是团队雄厚的技术积累。其自研的GLM预训练框架帮助突破了训练和推理算法的瓶颈。

预训练语言模型主要有三种类型：自回归模型（GPT）、自编码模型（BERT）和编码器-解码器模型（T5）。

但这三种类型都有各自的优劣势，并没有一个完美的解决方案。GPT是只有解码器的模型，它只能从左到右地生成内容，因此特别适合文本生成，但缺点是不能捕捉上下文词语之间的双向依赖关系，因此理解长文的能力稍逊。

BERT是只有编码器的模型，通过去噪双向学习上下文，因此特别适合自然语言理解任务，但无法直接应用于内容生成。

编码器-解码器模型结合了双向注意力和单向注意力机制，适合于有条件的生成任务，如文本摘要和回复生成。但它的缺点是，要达到与前两种模型同样的能力，需要的参数更多，因此训练的成本也更高。

GLM 的工作方式与众不同，它先从输入文本中随机掩盖一些连续的词语，然后训练模型按照一定的顺序逐个恢复这些词语。这种训练方法结合了自回归和自编码两种预训练方式的优点，换言之，GLM 利用了 GPT 和 BERT 的优势，同时规避了它们的劣势。

此外，通过调整掩盖文字段的长度，GLM 可以针对不同的任务进行不同的预训练，从而大大提升训练和推理的效率。

当然这些优势只是理论上的，要证明模型的能力，还要看模型训练完成后的实战效果。尽管有了一个与众不同的预训练框架，但要训练出一个千亿参数的大模型，还有很长的路要走。如上文所述，算力资源的缺乏，让团队在训练大模型时屡屡碰壁。

与百亿参数模型相比，千亿参数模型的训练难度不可同日而语，团队大大低估了他们面临的挑战。由于出现随机硬件故障、模型梯度爆炸（训练无法收敛）、内存使用过多等问题，项目被多次推迟。

在多个平台的帮助下，模型训练团队突破了算力缺乏的瓶颈。2022 年 5 月，团队开始在更大规模的 GPU 上启动了 GLM-130B 模型的训练，这大大提升了训练的效率。经过 2 个月的努力，模型终于完成训练。2022 年 8 月，智谱 AI 向研究界和工业界开放了拥有 1300 亿参数的模型 GLM-130B。这也是业界首个同时支持中文和英文的双语千亿参数大模型。

斯坦福大学大模型中心对全球 30 个主流大模型进行了全方位的评测，GLM-130B 是亚洲唯一入选的大模型。在与 OpenAI、谷歌大脑、微软、英伟达、Meta 的各大模型对比中，评测报告显示 GLM-130B 在准确性和恶意性指标上与 GPT-3 接近或持平，鲁棒性和校准误差则超过了 GPT-3，在所有千亿参数基座大模型中处于领先位置。

此外，GLM 大模型的另一个不可忽视的优势是高效的推理能力，目前模型支持用一台 4 卡 3090 或 8 卡 2080Ti 服务器进行快速且基本无损的推理，基本实现了让所有人用得起千亿参数大模型的初始愿景。对于可能出现算力短缺的中国大模型市场，这有可能成为一个重要的竞争优势。

中国的 OpenAI？

在美国消费者新闻与商业频道（CNBC）和 TechCrunch 等外媒的报道中，智谱 AI 成为"OpenAI 的中国挑战者"。

用 CEO 张鹏自己的话总结，智谱 AI 诞生之初就已将理论研究、工程化与商业落地有机地融为一体。他在接受 36 氪的访谈时表示：人工智能的发展极度依赖产学研用，如果研究的成果不能很快应用，它的价值很可能被遗忘。

在大模型时代，从技术到商业应用的过程更是被"无限压缩"。如神经网络在图像识别技术上的应用，从被学界研究出来，到真正落地产生实际价值，中间要 2~5 年。但 ChatGPT 模型从训练到产品上线，再到有 1 亿全球用户，时间不超过 1 年。

"我们会把研究和工程放在相对平等的位置上。这个风格也延续到我们出来做公司。"张鹏说道，"我们有一个和别人不一样的特点，就是长期有一群工程师和研究员一起工作，所以从成立第一天起，智谱 AI 就是一个团队。"

从工程化到商业化的过程也是如此，智谱 AI 的技术团队在过去积累了大量 B 端的客户，覆盖广泛群体，包括国内的科研机构、科技型企业、互联网企业，甚至国际顶尖科技企业。这些客户本身就对技术发展有敏锐的洞察和超前于市场的商业需求，它们成为智谱 AI 在大模型时代的一笔宝贵财富。"所以才会有人说，我们是带着技术、人才团队甚至客户出来的。"张鹏在接受《中国企业家》访谈时总结道。

在产品力上，智谱 AI 也的确是国内唯一一个有对标 OpenAI 全模型产品线的公司（见图 4-3）。

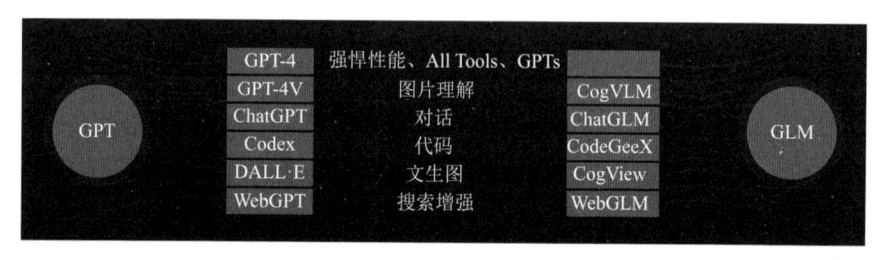

GPT		GLM
GPT-4	强悍性能、All Tools、GPTs	
GPT-4V	图片理解	CogVLM
ChatGPT	对话	ChatGLM
Codex	代码	CodeGeeX
DALL·E	文生图	CogView
WebGPT	搜索增强	WebGLM

图 4-3　GPT 与 GLM 对比图

2024 年 1 月，智谱 AI 推出新一代基座大模型 GLM-4，整体性能相比上一代大幅提升，逼近 GPT-4。它支持更长上下文学习，具备更强多模态能力，推理速度更快，支持更高并发，大大降低推理成本。同时，GLM-4 的智能体能力得到大幅提升，可根据用户意图，自动理解、规划指令以完成复杂任务。GLMs 个性化智能体定制功能亦同时上线，用户用简单提示词指令即能创建属于自己的 GLM 智能体，由此任何人都能实现大模型的便捷开发。

基于全自研基座大模型的强大能力，智谱 AI 构建了极具竞争力的 AIGC 模型产品矩阵，包括 AI 提效助手智谱清言（ChatGLM）、高效率代码模型 CodeGeeX、多模态理解模型 CogVLM 和文生图模型 CogView 等。

尽管在产品矩阵上对标 OpenAI，但在大规模商业化路线上，智谱 AI 则采用了一种更加适用于中国市场的策略。例如在开源和闭源的问题上，智谱 AI 选择了一条兼容开源和闭源的路线，更加务实灵活。

作为一个学院派的创业团队，智谱 AI 天生对开源路线有好感，其 GLM-130B 基础模型和 ChatGLM-6B 完全对外开源。开源路线对丰富社区生态有重大的推动作用，ChatGLM-6B 在 2023 年 3 月 14 日开源后短短几个月内得到广泛应用：在 GitHub 上获得 6 万多个收藏，fork（分支）数超过 7300；在 Hugging Face 上累计下载量超过 1300 万，四周趋势排行第一。

开源对于开发者和科研单位等自研能力强但成本有限的客户是非常好的选择，但是，张鹏认为，"对于大量 B 端客户来说，服务质量、稳定性和一致性是被看重的问题，在这些方面，开源路线的限制也很明显"。

目前，智谱 AI 的商业化路线主要有三种模式，满足不同客户不同程度的商业需求。第一是开放平台，即提供 API 接口。第二是云端私有化，即协助企业基于私有数据打造专属大模型，以构建在大模型时代的竞争优势。第三是本地私有化，主要满足大型企业的本地私有化需求，除了提供更加强大的模型，智谱 AI 还提供完整的模型矩阵，以满足各种场景和需求。

"不做 OpenAI，做中国自己的 AGI"

在 GLM 开源计划的网页上，有这样一段描述：

> 我们一直在探索、尝试和努力，GLM 系列模型取得了一系列进展，但我们离国际顶尖大模型研究和产品（比如 OpenAI 的 ChatGPT 及下一代 GPT 模型）都还有差距。中国大模型研究在原创算法、AI 芯片和产业上的追赶与突破需要大家的一起努力，更需要我们对下一代 AI 人才的培养与锻炼。很幸运的是，在 GLM 团队过去几年的探索过程中，一群有情怀、有能力、有格局的年轻人加入我们并肩作战，快乐开卷，大家一起焦虑，一起熬夜，一起成长，一起创造。通用人工智能探索，我们一直在路上，努力前行。

从这段描述不难看出，这支年轻的团队一边在埋头追赶国际先进水平，一边时刻仰望通用人工智能的星辰大海。"从成立起，我们的目标就是通用人工智能，预训练模型是一项革命性的技术，但它有自己的问题，不能包治百病，可能也不是通用人工智能的终极方案。"张鹏对此评论道，"但目前，我们还看不到大模型的上限。"

可以肯定的是，大模型时代，速度就是生命。当基础大模型更新速度加快，训练成本直线上升，大量无法跟上其发展速度的模型和应用企业，将在未来一两次基础模型迭代后被淘汰出局，投资、数据和用户将越发向头部公司集中。张鹏认为："大模型的网络效应还没有显现，但可能比移动互联网时代更强，因为大模型有强化学习这一重要的训练手段——数据质量越好，模型的能力就越强。"

对于智谱 AI 这样具有先发优势，拥有技术团队和客户资源的企业，这也许是个好消息。至少在通过大模型迈向通用人工智能时代的赛道上，以智谱 AI 为代表的中国大模型初创公司已经迈出了坚实的第一步。

百川智能：从搜索引擎追赶者到大模型开拓者

2021 年 10 月，腾讯宣布全资收购搜狗，王小川随即退任公司 CEO。当时大多数人认为，这位古典互联网时代的创业英雄将就此谢幕。

谁也没想到，仅仅 18 个月后，王小川就再次站到舞台中央。2023 年 4 月，王小川宣布成立百川智能。自筹资金 5000 万美元，还把自己的名字融入公司名称，代表了他这次全力押注大模型的决心。

成立半年，百川智能成为大模型领域的"卷王"，接连发布了 Baichuan-7B、Baichuan-13B、Baichuan2-7B、Baichuan2-13B 四款开源可免费商用大模型及 Baichuan-53B、Baichuan2-53B 两款闭源大模型。

其中 Baichuan2-7B、Baichuan2-13B 两款开源大模型对标 Meta 的 Llama 2，填补了当时国内没有优秀开源可商用大模型的空白。实际上，Llama 2 的商用协议对中国开发者并不友好。主要原因是其商用协议声明"仅适用于以英文为主的环境"。如果大模型产品商用于中文场景，开发者是拿不到开源协议的。

在发布第一版百川大模型之后，王小川就去美国考察 AI 行业。回来后，他提出了"理想上慢一步，落地上快三步"，希望在执行上加快步伐，追赶全球先进水平。

王小川是这么说的，百川智能也是这么做的。据统计，百川智能成立后平均 28 天就会发布一款新的大模型产品。百川智能技术联合创始人陈炜鹏将这样的高效归功于团队可以将搜索的经验快速迁移到大模型的研发中。他在接受媒体采访时解释道："大模型的训练过程是一个类似'造火箭'的系统化工程。对于百川智能团队来说，这与其熟悉的搜索研发模式有相似之处，将复杂的系统做拆解，通过过程评估来推动团队的协同，显著提升团队的成果。"

陈炜鹏认为，大模型和搜索有很多重合的技术栈，比如在大模型训练中关键的数据环节，百川智能团队基于搜索经验实现数据精选和处理，在数据处理环节实现千亿数据的小时级去重，并通过多粒度内容质量打分提升大模型质量。

除了模型算法，训练数据的质量也至关重要。"我们之前这个团队的背景是做了很多年的搜索，所以我们对整个中国互联网里面哪里有高质量数据是非常清楚的，怎么把这些数据收集回来，并且把它的质量做好，识别出来，对于这些我们有很多的积累和方法论。"王小川对此评论道。

由此看来，王小川的二次创业并不是白手起家，搜狗为其提供了强大的人才支持和技术积累。他本人也有类似的表述："我是比较坚定一开始先用搜狗那边的人才来搭团队。因为创业不是一个拼盘的过程，创业是一个生命体不断演化的过程，是一点点长起来的。今天的时代不允许你由两三个人开始一点点去找。"

百川智能的快速发展获得了市场和资本的认可。2023年10月17日，百川智能宣布完成3亿美元的A1轮战略融资，本轮投资方包括阿里巴巴和腾讯。百川智能成为中国最快晋身科技独角兽的大模型初创公司。

按照王小川的设想，2024年上半年将发布对标GPT-4的大模型和自己的超级应用。而2024年1月发布的千亿参数模型Baichuan3已经让这个目标实现了一半。在人人都对AI原生应用翘首以待的今天，百川的方向是什么呢？

王小川认为，要去贴近人最根本的需求，才能拥有广阔的未来前景。罗曼·罗兰说过，人在根本上所需要的是三件事：创造、健康和快乐。

"百川的使命是帮助大众轻松、普惠地获取世界知识和专业服务。围绕创造、健康和快乐这几个方面来开展技术服务，这是我对未来AI使用场景的判断，也是构建百川技术路径的基础。"王小川如是说。

面壁智能：智能体让大模型进入千行百业

2022年，面壁智能由清华大学计算机系自然语言处理实验室的刘知远副教授带头成立。这是国内最早研发大模型的团队之一，早在2020年，团队就发布了全球首个20亿级参数中文开源大模型CPM。

至2023年4月，面壁智能迎来了一个重要的里程碑——成功获得了知乎的战略性投资。时任知乎首席技术官李大海受到面壁智能团队坚定通用人工智能理想的感召，转投大模型创业，接任面壁智能CEO一职。此举标志着面壁智能不仅在技术研发上持续领先，而且正逐步实现从前沿学术研究到商业化运作的成功转型。

上任后，李大海就把"大模型 + 智能体"定为驱动公司发展的引擎。他曾经把大模型比喻为汽车的心脏——发动机。发动机为汽车整体运行提供了源源不断的驱动力，但要完整地造出一辆汽车，除了发动机这一核心部件，还需集成转向系统、悬挂底盘、内饰以及各类不可或缺的组件。同样的道理，若要充分挖掘和利用大模型的潜能，他们还必须在其基础上整合一系列技术，比如强化记忆的功能及运用工具的能力，这样才能拓展出更宽的应用范围和更多的创新可能。智能体则恰恰扮演着承载这些技术的重要角色。

自 2023 年初开始，面壁智能便着手规划并实施"大模型 + 智能体"的技术研发路径及实际应用方向，并已在 OpenBMB 开源社区逐步推出了一系列基于大模型驱动的智能体创新成果，其中包括 AgentVerse 智能体通用平台、ChatDev 多智能体协同开发框架，以及 XAgent 超强智能体应用框架等。

当前，面壁智能已成功推动"大模型 + 智能体"融合技术在金融、制造业、商业、汽车、法律等众多领域应用场景的实质性落地。

例如，在金融应用场景中，面壁智能借助大模型为用户打造"智能个人财富顾问"产品，赋予其卓越的语言对话能力和逻辑推理能力，有效解答用户在金融投资和相关咨询服务中的各类专业疑问。

而在法律应用场景下，面壁智能携手行业合作伙伴，定制化打造法律专用的大模型，结合智能体技术为法律从业者提供有力辅助工具，针对案件要点提炼、事实梳理、法规分析等具体环节提供支持，显著提高案件处理效率和专业服务速度。

在智能营销领域，面壁智能携手汽车、教育等行业的合作伙伴，在业务分析、新媒体运营、用户运营、服务咨询等场景中，充分发挥智能体的分工协作优势，真正让"一个人就是一个团队"成为可能，为用户带来贴心、专业的全场景服务。

李大海指出，大模型所带来的最根本变革在于重构人与机器之间的互动关系。这项技术使机器可以通过自然语言方式交流，近似于人类沟通，并具备逻辑思维能力，能够处理繁杂任务。展望未来，他认为大模型的崛起将会使人与机器的关系变得更加平等，每个人都有可能拥有一位 AI 伙伴；而大模型与智能体的深度融合，将助力人们塑造更为贴心、更能精准把握用户需求的智能助手。

澜舟科技：专注 to B 领域大模型应用的"最后一公里"

提起澜舟科技的创始人周明，中国 AI 界可谓无人不知、无人不晓，他不仅是中国第一个中英翻译系统的研制者，还在 2019 年成为 AI 语言领域最具影响力的组织 ACL（国际计算语言学学会）的主席，可以说是当今自然语言处理领域成就最高的华人之一。

在加入微软亚洲研究院后，周明还曾经负责小冰聊天引擎和预训练语言模型的研发。深耕 AI 技术多年，让周明看到了大模型未来出现爆发的潜力，并在 2020 年底离开微软，创建了澜舟科技。

该初创公司的旗舰产品是孟子大模型，虽然参数量不多，只有十亿级别，但能够处理多种语言和不同类型的数据（如文字、图片等），并且擅长完成各种文本理解任务和生成新的文本内容。

大多数大模型公司比拼的是参数与能力，而周明很早就明确了差异化竞争的路线——孟子大模型主要的服务对象是企业。周明指出，针对 C 端和 B 端市场的产品在模型性能、计算力需求以及研发侧重点方面存在显著差异。

他阐述道，开发面向消费者的 to C 产品挑战尤为艰巨，尤其是在对标 OpenAI 这类顶尖机构时，需要追求极高的通用人工智能能力，这意味着在硬件配置上至少需要数千乃至上万个高端 GPU 组成的集群来构建强大的竞争优势。

相比之下，面向企业用户的 to B 产品则有其独特性。周明在 2023 年 WAIC（世界人工智能大会）上的演讲中表示："大型央企、国企客户非常注重本地化部署，它们普遍要求模型要做小，做安全，容易适配，且成本要低，所以我们过去两年一直专注于大模型的轻量化研究。"

在这样的场景下，只需训练规模在百亿至千亿参数级别的模型即可满足要求，因为 to B 产品的核心在于对用户特定语言环境的理解能力和多轮交互功能的优化。周明透露，大约 500 个 GPU 已足以有效支持这样的大规模模型运行。

此外，to B 市场的产品需求更为稳定和明确，因此研发重点不在于单纯追求模型的规模，而是将技术和解决方案深度融入企业业务流程及特定应用场景，也就是解决落地应用的"最后一公里"问题，这关乎最终的成功。

在 to B 产品领域，对算力的激增需求并不像 to C 产品那样迫切，因此澜舟科技和孟子大模型转向了一种强调行业数据整合、与客户紧密合作以精细化打磨终端场景的创新模式，通过这种方式建立独特的竞争优势和行业壁垒。

在行业上，周明选择了大模型渗透最为迅速的金融、营销和文化创业行业。为此，2023 年澜舟科技发布了孟子金融大模型，它能够精准理解和解答训练用户关于金融市场、投资理财等相关主题的问题，同时也能编写各种金融分析文章、研究报告，以及完成各类金融信息的深度处理等任务。目前，澜舟科技已经与同花顺、华夏基金和中文在线等行业客户达成深度合作。

然而，大模型从普适性迈向行业特异性，再到具体应用场景的落地，这条道路可谓漫长而曲折。首要任务是对场景进行深度理解。以金融行业为例，若缺乏对金融行业的透彻理解，就难以明晰金融大模型的具体应用价值所在。为此，澜舟科技携手华夏基金设立了联合实验室，双方共同努力去探究金融从业者的日常工作痛点，如投资研究、投资顾问、风险管理、信息抽取、数据搜索、舆论分析等，这些深入细致的研究逐渐构成了金融大模型实际可行的应用场景。

其次，在明确场景需求之后，数据准备是另一个至关重要的环节。一方面，原始数据（raw data）的引入有利于增强行业大模型的功能底蕴；另一方面，标注数据（labeled data）则为每一种具体场景的任务执行提供了针对性的训练素材。此外，编写恰当的提示词（prompt）也可能成为关键环节。然而在实践中，即使精心设计的提示词有时也无法直接满足需求，这时就需要进行微调（fine tuning）等后续步骤。所有这些努力，本质上都是基于对用户实际场景的深刻理解而做出的一系列精细操作和应对策略，旨在通过切实解决问题来提升用户体验。

周明强调，在通用大模型与各行各业的具体应用场景之间存在着一道天然的鸿沟。在大模型时代，将模型技术与用户具体场景紧密结合，实现"最后一公里"的精准适配与高效应用，正逐渐成为新一代软件开发的标准范式。

第二节
大模型基础设施——智能算力和训练数据

在介绍完大模型产业生态的核心模型层后，我们可以再来看看服务于大模型研发的基础设施层。在这一层上集中了诸多新的初创公司，也孕育了大量的创新与创业机遇。

这一层又可以细分为算力、数据与工具服务三个不同的领域。

驱动大模型的燃油——智能算力

作为大模型的基础三要素之一，智能算力服务对大模型至关重要。无论是前期的训练，还是后期的推理运营，大模型对算力都有巨大的需求。

据国盛证券报告估算，GPT-3 训练一次的成本约为 140 万美元。在 GPT-4 的发布会上，OpenAI 的 CEO 奥尔特曼透露，单单 GPT-4 的训练总成本就超过了 1 亿美元。

训练完毕后，大模型的运行成本也不菲。以 ChatGPT 在 2023 年 1 月的独立访客平均数 1300 万计算，其对应芯片需求为 3 万多个 A100，初始投入成本约为 8 亿美元，每日电费在 5 万美元左右。

大模型服务公司 DocsBot AI 总结了美国市场的大模型使用成本，以开源模型 Llama-2-70B 为例，生成 1000 个 token 的成本为 0.1 美分，而 API 调用的成本为每次 0.06 美分。

大模型的使用和推理成本高企，其中一个重要因素是价格高昂的高端显卡。目前大模型训练和推理的主力显卡 A100 市场售价达到 1 万美元，而最先进的 H100 的售价则达到了 3 万多美元。训练一个大模型动辄要使用 1 万个显卡连接的云计算集群，对于云厂商来说这一部分的成本就已经接近 1 亿美元。

而目前英伟达一家就占据了高端显卡 90% 以上的市场。英伟达截至 2023 年 7 月 30 日的第二财季财报数据显示：当季营收 135.07 亿美元，同比增长 101%，环比增长 88%，创下历史新纪录；净利润 61.88 亿美元，同比增长 843%，环比增长 203%。

这种高集中度自然会带来高昂的产品溢价。随着智能算力的需求暴涨，不少企业开始投入高端智算芯片的研发，高度集中的市场格局有望在未来得到改善。随着市场竞争越来越充分，智能算力的成本也有望下降。

例如 AMD 在 2024 年 1 月推出了最新的 MI300 人工智能训练芯片，对标英伟达的 H100，CEO 苏姿丰（Lisa Su）在发布会上表示，MI300 在 Llama 2 上的训练效率达到了 H100 的 1.4 倍。而奥尔特曼也被爆出在接触软银和阿联酋基金 G42，说服它们投资建立一个生产 AI 芯片的工厂网络。

在这方面，中国厂商也并非毫无准备。实际上在本轮大模型爆发之前，国内厂商就对智算芯片和云计算平台进行了提前布局。

在 GPU 方面，摩尔线程、壁仞科技和华为升腾等都在研发自己的 AI 训练芯片。当然，除了在硬件芯片性能上的差距，如何打造一个像英伟达 CUDA 一样的统一计算平台和软件支持系统是中国企业必须面临的挑战。

在智算资源部署方面，阿里云在 2022 年就推出了智能计算解决方案

"飞天智算平台",并且启动了位于张北和乌兰布察的两座超级智算中心,算力规模合计 15 EFLOPS(每秒 1500 亿亿次浮点运算)。按照主流电脑的算力衡量,1 EFLOPS 相当于 200 万台主流电脑的算力,15 EFLOPS 就相当于 3000 万台主流电脑同时开动的算力。

这些智能算力已经帮助各行各业的客户从中受益,例如训练自动驾驶模型、靶向药物研究数据集计算等。在北京中关村的写字楼中,小鹏汽车的工程师仅用 1 个小时就训练出一个原本需要 7 天完成的自动驾驶核心模型。而在 300 多公里外的乌兰察布草原上,智算中心正高速运转,这是让小鹏 AI 模型训练提速近 170 倍,成本降低 62% 的幕后"发动机"。

训练大模型的粮食——数据

人工智能专家吴恩达曾经说过,"模型开发的 80% 的时间花在数据准备上",数据质量对大模型产业的重要性可见一斑。大模型从训练到部署应用迭代,AIGC 众多垂直场景的落地,通用智能、具身智能等前沿领域的探索,都与高质量、专业化的场景数据密不可分。

目前,在大模型的带动下,数据层创新有两个快速兴起的领域,数据标注和数据向量化。

大模型训练的基础——数据标注

随着大规模预训练模型的崛起,对高质量训练数据样本的需求正呈指数级增长,这为数据标注行业带来了全新的发展契机。

数据标注扮演着模型开发流程中不可或缺的上游角色,它是一项人工干预的数据预处理工作。在此过程中,经验丰富的专业团队或受过专门培训的人员会对结构化及非结构化的原始数据集进行细致的标识、分类、注释和标记操作，这些原始数据涵盖图像、文本、音频、视频，乃至复杂的自动驾驶数据等多种形态的数据资源。

标注工作的本质目标在于为机器学习和深度学习算法提供精准可靠的训练素材，助力算法深入理解和挖掘数据内在的多种模式和语义信息，进一步提升模型在诸如识别、分类、检测等关键性能指标上的精确度。

数据标注行业的核心竞争力体现在标注质量和工作效率上。由于数据标注并非许多客户公司的主营业务，因此它们倾向于将其外包。客户获取标注数据的途径多样，包括但不限于组建内部团队自行完成、借助众包平台，以及与第三方专业数据标注初创公司，如业界知名的Scale AI、Dataloop、SuperAnnotate等建立合作关系。同一家客户企业的不同部门，也会依据各自的项目需求和应用场景，灵活选择适合的合作方。

追溯行业发展初期，数据标注完全依赖人工手动完成，以此构筑和丰富机器学习模型所需的训练数据集。尽管这种方法耗时费力且成本较高，但人工标注的确在确保准确性方面表现出无可替代的优势。一些数据标注服务商会在菲律宾、肯尼亚、委内瑞拉等地寻找成本相对较低的劳动力，开展相关工作。

随着机器学习模型技术的迭代升级，自动化数据标注的准确性不断提升，开始出现人机协同的工作模式。例如利用模型预先筛选和初步标注数据，随后交由标注员复核校订；或是人作为审核者，审验并修正模型自动标注的结果。相较于传统的纯人力标注方式，这种AI辅助标注手段有效提升了标注速度。当前，包括Scale AI在内的众多领先数据标注公司正致力于降低人工参与的比例，优化标注流程。

在国内市场，随着ChatGPT引发的AI热潮，国内首家AI数据上市公司海天瑞声在2023年2月以后，股价曾经历了一轮迅猛攀升。同时，创业公司也在资本市场上展现出活跃态势，如星尘数据、整数智能和标贝科技等代表性企业近期均成功获得了新一轮的融资，显示出数据标注行业的发展前景。

大模型的"海马"——向量数据库

如果说数据标注是为模型提供训练样本，那么数据向量化就是将数据进一步转化为大模型可以理解的语言。简单地说，向量是大模型传输数据的基本单元。无论是一句语言，还是一张图片，想让大模型理解这些信息，它们首先要转化成一个向量。

如果我们打开一个千亿参数的大模型，就会发现它的每一个参数的权重实际上就是一个向量。训练大模型的过程，可以理解为不断调整各个向量在一个无线维度空间中的位置关系，直到这些向量代表的信息可以反映真实世界的状况。比如苹果手机的向量应该和乔布斯更接近，而不是和牛顿更接近。

在大模型爆发之前，向量数据就已经广泛应用到不同领域，比如我们在网上购物时使用的相似产品搜索和推荐功能，实际上就是将图片转化为向量，再去搜索与之相近的产品图片的过程。

有了向量数据库，大模型就可以对其中的数据进行进一步的交互和推理，从而帮助大模型理解专有概念和数据，并减少幻觉。因此，如果说大模型是人工智能的大脑，那么向量数据库就类似负责记忆的海马。目前已经有不少企业开始涉足向量数据相关的领域，我们以 Zilliz 和 Jina AI 为例来具体描述一下。

Zilliz：向量数据库的开路先驱

2023 年这一年，有一家中国 AI 基础设施创业公司及其产品被 OpenAI

和英伟达两家 AI 巨头推荐为合作伙伴，这就是 Zilliz，其向量数据库产品为 Milvus 和 Zilliz Cloud，这让 Zilliz 成为 AI 领域无人不知的人工智能基础设施创业公司。

不过在 2017 年，星爵毅然离开待遇优厚的甲骨文公司，创建 Zilliz 的时候，不要说这家小公司寂寂无名，就连向量数据也还鲜为人知。尽管机器学习当时已经成为一股新的潮流，但向量数据的使用还非常分散。在数据库领域耕耘 15 年的星爵，敏锐地察觉到，向量数据库将成为新一代数据库的主流，就像 Snowflake 成为云原生时代的数据库独角兽，Zilliz 的目标也是成为 AI 时代的云原生数据库巨头。

Zilliz 这家公司和星爵本人都散发出一种浓浓的理想主义气质。Zilliz 是 zillion(无法计算的庞大数字) 的变体，代表一个极大的数字和无限的潜力。星爵的名字来自漫威电影《银河护卫队》中的主角，一个缺点明显却能把大家紧紧团结到一起的反英雄形象。

Zilliz 至今还保留着新入职员工都要以一个英雄的名字来命名，并把自己的能力和英雄的能力联系到一起的习惯。后来星爵发现，同事们也的确和心目中的英雄类似，展现出相应的"超能力"，在艰难的创业过程中各显神通。

星爵回忆，2017 年提出向量数据库的概念时，这种技术还过于超前于市场，鲜有投资者问津，"主要是看不到大规模商业应用的前景"。这种看似幼稚的理想主义给公司带来了坚定的愿景和长期主义的坚持，这也帮助 Zilliz 熬过了创业初期的艰难。

随着 2022 年底大模型的爆发，向量数据库也迎来了自己的"iPhone 时刻"。由于第一个推出面向大模型的向量数据库产品，Zilliz 自然凭借这个行业风口，成为最受关注的 AI 基础设施创业公司。

对于公司的爆火，星爵自己总结认为："如果大模型是新一代的 AI

处理器，提供的是数据处理能力，那么向量数据库提供的就是 memory，是它的存储。"

目前大模型应用落地的主要难点有两个。第一个是数据的实时性。例如 ChatGPT 的训练数据并非实时更新。而大语言模型的工作原理——预训练模式决定了模型重新训练一次需要巨量的计算成本和时间成本。

学术界和工程界目前有两种解决方案，一是通过大模型微调的方式迭代演进，让大模型学到更多的知识；二是通过向量搜索的方法，把最新知识存在向量数据库中，需要时在向量数据库中做基于语义的向量检索，这两种方法都可以为大模型提供更加精准的答案。

但两者的成本天差地别。星爵透露："使用向量数据库的成本是微调的千分之一量级。"这也是为什么大模型厂商都无一例外地推荐开发者使用向量检索的方式做知识库管理，以便和模型有一个更好的交互，降低落地使用成本。

第二是私有数据的保护问题。假设我们将企业的私有数据，如专利知识用于公有大模型的训练，那就等于向所有人开放了这些专利知识。对于企业来说，这种方式是不现实的，而通过向量数据库的方式，将企业的私有知识转化为提示词，则不会用于训练和微调。

那么随着大模型记忆能力的不断提升，训练成本的不断降低，大模型会不会吞噬掉向量数据库存在的价值呢？

星爵胸有成竹地认为不会。大模型本质上是对全世界知识和运行规则的编码，是对人类所有数据的压缩。但它并不是无损压缩，这个过程必然带来熵减和信息损失。如果把所有信息都编码到神经网络里面去，那么神经网络就会变得特别臃肿，参数规模会巨大无比，从而导致运行缓慢。这意味着它需要外部的存储。"人类的第一台计算机就是存算一体的，后来为什么要分开？因为效率和成本。历史上，存储永远比计算便宜。"星爵解释道。

如果说大模型是向量数据库的killer App（杀手级应用），那么大模型的killer App是什么？很多业内人士将目光投向了智能体。智能体将具备长期记忆能力和类似人类的规划能力，从而主动协助人们完成各项工作。

如果将智能体和人脑相比，大语言模型就是智能体的前额叶，负责计算和决策；多模态模型就是枕叶，负责视觉识别；向量数据库就是海马，负责记忆功能。"人类历史上首次出现拥有独立记忆体的虚拟人，这是一个历史性的机会，对向量数据库的需求会有几万倍的增长。"星爵如此畅想。

Jina AI：全球输入长度最大的向量模型

一整版的《人民日报》能否转化成一个单独的向量？这项看似不可能完成的任务被一家创业公司完成了。2023年10月，Jina AI正式发布自主研发的第二代文本向量模型jina-embeddings-v2，这是全球唯一能支持8K（8192个token）输入长度的开源向量模型。

用简单的话解释，这款全新的向量模型可以将一版《人民日报》的文字转化为一个具有512维度的向量，尽量在不造成语义损失的情况下对文本进行压缩。

MTEB排行榜显示，jina-embeddings-v2与OpenAI的专有模型text-embedding-ada-002在性能方面不相上下。

随着大模型产业的爆发，各行各业对向量搜索的需求也与日俱增。要让大模型真正落地，将普通数据转化为高精度的向量数据已经日渐成为一个新的市场需求。

尤其是在RAG（检索增强生成）场景中，向量数据成了一个核心组件，用于解决大模型的上下文长度限制问题、幻觉问题和知识注入问题。因为大模型通常有上下文长度的限制，我们需要一个有效的方法来压缩、存储和查询大量的信息。这就是向量模型的用武之地。在 RAG 系统中，文档首先被转化为向量。随后，大模型可以快速地查询这些向量，找到与当前上下文相关的文档，再基于这些文档生成回复。

输入长度越大，代表模型转化向量的精度越高。"大模型实际上是对世界知识的一种压缩，如果向量输入长度不够，那么就需要对一个知识进行切分，压缩带来的损失就更大。"Jina AI 的创始人肖涵博士解释道。

传统模型最多只能处理 512 个 token 的文本，面对更长文本时，就力不从心，尤其是预测的时候。但 jina-embeddings-v2 能处理长达 8K 的输入，能够实现从实体、句子、段落到整个篇章的多粒度向量表示。实际应用的时候，可以将这些不同层次的向量结合起来，实现更为精准的匹配。此外，也支持按语义切割，获得更佳的搜索效果。

换言之，模型输入长度越大，大模型对长语义的压缩损失也就越少，这就让向量检索等工作变得更简单和准确，而且特别适用于处理长文本的各种场景，例如处理数十页的报告综述、长篇故事推荐等。

此外，大规模向量模型还有一个重要意义。那就是输入长度越大，模型可以处理的模态也就越多。目前向量大模型已经可以将文字和图片信息转化到一个向量空间中，也就是说向量既可以做文字搜索，也可以做图片搜索，或者用文字搜图片，用图片搜文字。

"未来，向量模型可能可以包含更多模态，包括声音、视频，以及不同的语种，这些都是向量模型的子任务。"肖涵认为。

Jina AI 不仅在输入长度上做到了媲美 OpenAI，并且还做出了更大胆的决策：完全开源。目前 Jina AI 的中英和中德双语向量模型已经在

Hugging Face 和魔搭社区上线，任何开发者都可以使用、修改和进一步优化这款模型。

肖涵对此说道："Jina AI 的目标很明确：我们希望推动 AI 普及，让更多的人能够使用且受益，而不只是那些拥有大量资源的大公司。"

第三节
大模型工具和服务层

作为大数据、大算力催生的产物,大模型天生是"长在云上的"。随着越来越多的企业、创业公司和开发者开始进行大模型研发和落地应用的工作,对云计算提供的相关服务的需求出现井喷式增长。

从主要云企业的股价可见一斑,微软和亚马逊在"大模型元年"2023 年的市值均快速增长了 70% 以上,可以说抓住了大模型带来的时代红利。

目前主流的云计算平台可以为企业提供基础模型接入、算力供应、专属模型和行业模型训练与微调、AI 应用开发等一系列端到端的服务。

由于大模型服务层涵盖的领域较多,且层级复杂,为便于读者理解,我们以国内领先的云计算企业阿里云为例,介绍大模型从训练到应用落地所涵盖的相关服务。

阿里云目前是中国最大的云计算厂商。国际知名数据分析公司发布的《中国大数据平台市场份额》报告显示,2022 年阿里云公有云服务市场占比达到 40.5%,连续三年排名第一。

在 ChatGPT 等大模型产品问世后,阿里云也积极投入人工智能市场。阿里云要做"AI 时代最开放的云",让开发 AI、使用 AI 变得更加容易和便宜。

目前阿里云为 AI 提供的服务产品可以分为四个层级,分别满足不同阶段、不同群体对 AI 服务的需求。

第一层，也是最底层的 PAI-灵骏，为提供"算力即服务"的智算平台。

第二层是通义开源模型系列以及通义行业大模型，提供模型算法服务。

第三层是阿里云百炼一站式大模型服务平台，提供通义家族和各种开闭源大模型的 API 接入服务、模型训练、微调以及智能体服务等。

第四层是魔搭，为专门的大模型开源社区。

我们已经在模型层介绍了通义模型家族的各个成员，而魔搭社区将在本章第四节进行详细介绍，本部分将对 PAI-灵骏和阿里云百炼进行介绍。

PAI-灵骏：智能算力即服务

人工智能平台 PAI 最早发布于 2014 年，起初是服务于阿里巴巴集团内部（包括淘宝、支付宝和高德）的机器学习平台，为内部的开发者提供充足的智算能力，让他们更高效、更方便地使用人工智能技术。

经过多年的算力扩充和发展，以及大模型产业的爆发，这个内部的算力平台已经进化为"PAI-灵骏"，可以为企业客户提供高性能 AI 训练、高性能计算所需的多元计算算力服务。

PAI-灵骏这一层服务的主要客户，是百川智能、智谱 AI 等进行基础大模型训练和研发的企业。

与普通算力不同，由于硬件上的限制，智能算力成本高昂且更加稀缺。PAI-灵骏的一个关键作用就是高效地调配阿里云在全国各个智算中心的算力，并将其稳定地提供给所有需要的客户。阿里云 PAI-灵骏和魔搭业务技术负责人之一周蹒解释道："让算力在需要的时候能弹起来，在不需要的时候释放掉；防止在高峰期抢卡；如果北京的算力没了，把算力从上海及时调度过来。这就是PAI-灵骏的无服务器技术和高性能网络发挥的关键作用。"

除了快速调动算力，平台的稳定性也至关重要。大模型训练动辄使用成千上万个GPU，训练耗时往往长达数周甚至数月。一旦出故障，就会导致训练进度中断，甚至还要手动重启作业。这会导致运维成本很高。即使训练恢复，大量数据需要重新计算，这又会花费大量时间，浪费昂贵的算力资源。

国内半数模型企业选择阿里云的原因是算力供给充足且稳定。周蹲表示，阿里云PAI-灵骏平台，可以让千卡任务稳定运行三周以上，还能实现集群自动化运维管理。阿里云透露，目前百川智能、智谱AI、零一万物、昆仑万维、vivo、复旦大学等头部企业及机构，均在阿里云上进行大模型的训练和推理。

百川智能CEO王小川曾表示，通过和阿里云合作，百川智能很好地完成了千卡大模型训练任务，有效降低了模型推理成本，提升了模型部署效率。

阿里云百炼：打造一站式大模型服务平台

如果说PAI-灵骏平台主要服务于拥有大模型研发实力且高度依赖智能算力平台和基础设施服务的团队，例如"百模大战"的参与者们，那么阿里云旗下的百炼平台则服务于大模型层中下游的广大开发者群体，其中既包括希望对模型进行API调用、RAG整合、微调和训练行业模型的企业及个人开发者，也包括那些不具备深厚"代码能力"，希望低成本"上车大模型"的企业。

阿里云飞天实验室创新业务中心前负责人陈海青介绍，前一类客户群体又可以分为三个层次，分别有不同的需求。

第一层主要是使用基础大模型的推理服务的客户，百炼平台可以提供各种大模型的 API 调用。

"模型即服务"是其服务的本质，让各种模型的能力触手可及，具体来说就是将各类 AI 模型，包括通义模型家族和其他国内外知名第三方开源、闭源模型，通过标准化的封装形成 API 服务，以方便应用开发者调用。

关于魔搭社区和阿里云百炼服务的区别，我们了解到，魔搭上的开发者更关注实验性和模型的性能，而阿里云百炼则提供商业化的部署以及低成本运行大模型应用的方案。

第二层主要是需要整合 RAG 功能的企业，百炼可以提供数据清晰分类、企业知识库和 RAG 链路搭建等一系列服务。

第三层则是那些需要对模型进行微调和持续训练的企业，百炼平台可以提供 SFT（监督微调）工具（包括全参微调和 LoRA 高效调参），以及从预训练到强化学习的全链路训练服务。

而针对第二类群体——算法自研能力相对较弱但急需模型赋能的企业，阿里云百炼提供了一个全面的一站式模型开发及服务平台。用户即便不具备深厚编程背景，也能通过直观易用的拖拽式无代码工具构建应用。

正如阿里云首席技术官周靖人所介绍的那样，借助阿里云百炼平台，企业在短短几分钟内即可搭建起基本的模型应用框架，几个小时内便可训练出专属的企业定制模型，从而节省开发者的精力，让他们能用更多时间聚焦于创新应用的研发。

用一句话总结，阿里云百炼平台的服务体系可概括为两大支柱：模型训练强化服务和智能体应用拓展服务。

第一是模型训练强化服务。首先,在模型训练准备阶段,百炼整合了离线训练数据集与在线增强数据集的全方位管理功能,确保训练起点的高质量。

训练之初,用户可在百炼平台上选取各类基础大模型,如包括通义系列在内的内部研发大模型以及 Llama 2、百川大模型、智谱 AI 的 GLM 等诸多开源大模型资源。

进入训练核心环节,百炼允许用户自由配置损失函数参数,并配备了一系列优化策略如 LoRA 高效调参法,使模型训练过程全程可视化、数据化和报告化,便于开发者实时追踪模型收敛状态和整体进度。

此外,百炼强调模型迭代优化的重要性,内置单模型评测和多模型对比工具,帮助用户对照行业标准对模型性能进行反复测试,直至达到最优效果。训练完成后,模型一键部署至云端,便能迅速投入推理使用。

第二是智能体应用拓展服务。模型训练完成后,为了使其能在真实场景中发挥实效,还需与智能体结合赋予模型实际操作能力。智能体如同赋予大模型行动自如的四肢,使得模型不仅能自主理解和规划复杂任务,还能有效执行,革新传统的人机交互模式。

具体来说,阿里云百炼平台通过智能体能力使大模型无缝衔接企业实际业务,例如嵌入企业知识库检索、天气查询、机票预订等功能,方便快捷地融入日常业务流程。

不仅如此,对于涉及多步骤的任务应用,如需多次调用大模型推理能力和第三方插件进行向量检索、天气信息抓取、库存数据查询等,阿里云百炼的智能体业务流程设计实现了全流程自动化串联。

要特别指出的是,阿里云百炼平台内的"应用广场"汇集了众多预置的应用模板,用户可以迅速借鉴并创造出诸如营销文案生成、摘要提取等多种实用功能。

陈海青总结道:"模型训练和智能体服务实际上分别对应了离线训练和在线应用的部分。"大模型要在企业真正发挥作用,两者缺一不可。

百炼平台在强化服务的同时也注重安全保障,依托阿里云强大的安全防护机制,为模型训练与应用开发构筑了安全屏障。阿里云为所有模型提供基础安全套件,用户无须额外操作,安全能力即可无缝集成至自研模型和应用程序中,涵盖了数据安全屋、安全大模型等多重保障。

目前,已有诸多企业成功运用阿里云百炼平台打造自身的创新大模型与 AI 应用案例。例如,成立于 1996 年的朗新科技,过去为 2.4 亿电力终端用户提供计费和客户服务。电力行业其实是一个多学科交叉、专业性和复杂性极高的行业,需集成先进电力工程、能源转换与传输、电网自动化与控制、可再生能源和智能电网等技术,实时运营一个可靠安全、多层次、广泛互联的国民基础设施网络。朗新科技则依托阿里云百炼平台的一站式服务优势,结合自身所沉淀的电力专业语料,通过模型的定制化训练、微调、部署、评测,构建了电力行业大模型,并开发了"电力账单解读智能助手"。这款 AI 应用能为客户深度解析账单详情,并依据电价政策、电费计算规则及电力业务规范,提出针对性的节能建议,极大地提升了客户服务效率,使人工处理工单量下降超过了 70%,同时也降低了近七成的投诉率。

同样,央视网也在阿里云百炼平台上训练出百亿级参数主流媒体大模型,依托积累的数据与训练优化方案,提高内容的生产效率,帮助进行内容搜索、策划、创作、洞察和传播跟踪,用于辅助内容创作。内容创作者凭借该模型的生成式搜索问答功能提高信息获取效率,同时可通过 AI 插件辅助,快速整理素材、生成摘要或是按其分步指导进行创作。从过去漫长的创意构思周期到现在分钟级产生多个创意,从过去手动写作到现在秒级生成内容,该模型大幅节约内容制作时间,也显著提高了编辑人员对生成内容的满意度和采用率。

阿里云百炼作为一站式大模型应用开发平台,通过集成国内外主流优质大模型来支撑轻量级模型的定制化开发,其全链路工具提升了特定任务完成效果,并结合知识库快速构建应用,整体简化了底层算力部署、模型预训练、工具开发等复杂工作,让企业和开发者把更多精力专注于应用创新。

第四节
应用层：开发者社群和大模型创新应用

经过一年多的模型大战，关于生成式 AI 的讨论正在从"比参数、跑得分、拼排名"转向"谁的模型更开放、推理成本更低、算力更便宜"。这说明，人们已经从对技术的好奇与观望，转为思考如何让大模型落地并产生真正的价值。

业界的共识是，随着基础大模型赛道的竞争格局尘埃落定，更多的创新和价值创造正在向应用层汇聚。AI 赋能千行百业的价值，要比大模型产业本身大得多。

麦肯锡的研究报告称，生成式 AI 有望为全球经济贡献约 7 万亿美元的价值，而这些价值的测算主要来自两个角度：第一是 60 多个生成式 AI 用例在 16 个业务职能中的应用；第二是生成式 AI 对 850 个职业及超过 2100 项具体工作任务的影响（见图 4-4）。

目前大模型的应用创新主要有两种方式。第一种是利用大模型改造现有的各种软件和应用，例如微软推出的 Copilot 和赛富时的 AI Cloud。微软公司创始人比尔·盖茨曾撰文表示，大模型将彻底改变人们使用软件的方式。而另一种方式则是 AI 原生创新，即利用大模型能力，创造出全新的服务与应用场景。

在对应用创新的支持上，各家大模型巨头也采取了不同的方式。OpenAI 选择了较为封闭的方式。比如 OpenAI 在首届开发者大会上

角度1
在部署60多个生成式AI用例后，组织可收获的经济潜力总规模

角度2
生成式AI对850个职业及超过2100项具体工作任务的影响

用例的成本效益

用例的营收效益

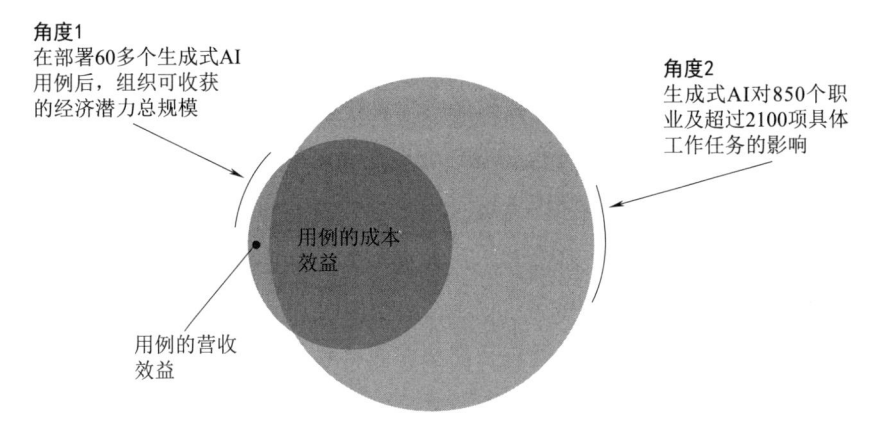

图 4-4　生成式 AI 价值的测算角度

注：在定量分析中，将用例的营收效益换算为相应支出项上的生产力提升，从而保持与用例成本效益的可比性，同时假设市场无额外增长。

发布了 GPT 商店，这种"对封闭花园收税"的方式明显与苹果应用商店 Apple Store 的封闭生态类似，平台方的强势地位较为明显。

而大部分开源模型则依赖于开发者社区。诞生于 2016 年的 Hugging Face 已经成为全球最大的大模型开源社区，被称为 AI 时代的 Github。而在中国计算机学会牵头、阿里云的全力支持下，魔搭社区已经成为国内领先的 AI 开发者社区。

个性化 AI 伙伴——释放大模型的情绪价值

2020 年中国一项针对 18~29 岁年轻群体的研究揭示，超过六成的青年人频繁受到孤独感的困扰。孤独不仅可能导致情绪压抑问题，还对个体生理健康和心理健康产生显著的负面影响。

面对这一社会性问题，加强人际互动的重要性不言而喻，但在现实生活中，有效的沟通交流并非总能轻易实现。在此背景下，随着新一代 AI 技术的飞速进步，我们是否有可能研发出具备共情能力的对话机器人呢？

不同于多数仍在着力于任务执行和信息传输功能的 AI 技术，聆心智能携手清华大学 CoAI 研究团队独树一帜，将研究重心锁定在"如何使 AI 能够与人类建立深层次的情感连接"这一课题上。

聆心智能孵化自清华大学，致力于打造新一代"安全、可控、拟人"的超拟人大模型并建立相关应用生态。

2021 年，CoAI 课题组在 ACL 年会上发表的论文"Towards Emotional Support Dialog Systems"（《情绪支持对话系统》），首次基于心理学中克拉拉·希尔 (Clara Hill) 的助人理论构建了情绪支持对话（Emotional Support Conversation, ESConv）系统，提出了对话系统的情绪支持三阶段框架。

在扎实的学术研究基础上，CoAI 课题组与聆心智能联合推出了首款心理疗愈机器人 Emohaa 的初始版本，这款机器人在短短时间内即服务了超过 2.4 万名用户，累计交互次数高达 49.7 万次。

更值得关注的是，课题组与北京师范大学心理学部合作开展的一项实验证明，在接受为期三周的 Emohaa 初级版持续心理干预后，参与实验的被试对象在焦虑症状、抑郁倾向、消极情绪及睡眠质量等方面均呈现出明显改善。

基于学术研究成果和实际应用成效，聆心智能与 CoAI 课题组再次联手，推出了全新升级版的共情陪伴大模型 Emohaa。新版 Emohaa 包含多个不同参数级别的子模型，搭载了能合成亲切柔和语音的语音合成技术，存储了海量知识库，能够更简洁直观、高效灵活地回应用户需求。

不仅如此，Emohaa 在深度理解用户情感、感同身受地体会用户经历、主动引导对话走向以及与用户一起探寻内心世界等方面的能力得到了显著提升，进一步强化了与用户之间的情感纽带。

聆心智能团队的目标是将 Emohaa 塑造成一个值得人类深深信赖的

大模型，它具备稳定持久、富有耐心的特点，对待人类用户始终保持中立而善良的态度，随时准备给予无条件的支持。在不久的未来，也许每个情感受困的人都能拥有可以聆听自己心声的 AI 伙伴。

大模型应用能否成为搜索引擎市场的"鲶鱼"？

63780184 ÷ 6487= ？

在《最强大脑》第 11 季第一期的录制现场，面对 8 位数以上的大数乘除，比赛选手仅仅用时 4 秒钟就完成了计算和输入的全部过程，让现场和电视机前的观众大为叹服。

而观众不再只是简单地围观，他们可以通过《最强大脑》的特约合作伙伴昆仑万维的"天工"AI 助手 App 搜索大数速算的原理。在生成式 AI 的帮助下，观众不但了解到速算的训练方法，还能通过智能追问功能，了解到大数速算的历史和应用场景，让看似不可能完成的大数速算，也能被普通人理解。

这种生成式和互动式的搜索方式，与传统搜索引擎提供的服务体验截然不同，展现了生成式 AI 赋能百业的广阔前景。

一场"All in AIGC 与 AGI"的转型

昆仑万维成立于 2008 年，早期专注于为全球用户提供优质的移动应用和数字内容，尤其在移动游戏、社交网络、新闻资讯和工具应用等领域有着显著影响力。

2015 年，公司得到了资本市场的认可，在 A 股成功上市。此后公司战略聚焦于通过技术和内容输出，搭建社区平台，推动中国互联网企业的国际化。

目前昆仑万维的业务覆盖通用人工智能与 AIGC、信息分发、社交娱乐及游戏等多个领域，在全球的平均月活跃用户近 4 亿，海外收入占比近 84%，服务 100 多个国家和地区，成为全球领先的人工智能科技企业。

昆仑万维的传统优势之一，是内容、社交、信息分发平台。例如，基于全球第三大浏览器 Opera(欧朋)，昆仑万维打造了一款完全由 AI 算法驱动的新闻应用 Opera News，其已成为非洲最受欢迎的新闻客户端；Opera GX 则在北美和欧洲地区的游戏浏览器市场中占据领先地位；而 StarMaker 已经是全球最大的音乐社交平台。

早在 2017 年 Opera News 推出时，昆仑万维就在内部组建了推荐算法团队，进行自然语言处理、推荐算法等领域的研发。2020 年 GPT-3 的问世更是让昆仑万维创始人周亚辉敏感地察觉到，AIGC 的出现是内容与社交领域的一个里程碑事件。过去，内容创作者制作音乐、图片或视频往往需要大量的前期训练，否则难以完成这些创作。然而，生成式 AI 技术的出现极大地降低了创作的门槛和时间成本。

因此，自 2020 年起，昆仑万维便着手组建专业团队，专注于中文预训练大模型的研发。2021 年，公司内部发布了一个拥有 140 亿参数的中文预训练大模型。同年年末，昆仑万维开始探索音乐生成领域。进入 2022 年，公司提出了"All in AIGC 与 AGI"（全部押注人工智能生成内容与通用人工智能）的口号，并在同年 12 月开源了其中文预训练大模型。随后，在 2023 年 4 月，昆仑万维发布了千亿参数大语言模型"天工"，并在同年 8 月 23 日推出了中国第一款 AI 搜索产品——天工 AI 搜索。10 月，计算机视觉和机器学习领域的国际顶级专家颜水成教授正式加盟昆仑万维，与昆仑万维创始人周亚辉一起出任天工智能联席 CEO，并兼任昆仑万维 2050 全球研究院院长。

用 AI 颠覆搜索引擎市场

AI 搜索是昆仑万维进行 AI 转型的重要战略方向之一，昆仑万维在天工 AI 搜索投入了大量资源，其市场前景被寄予厚望。

为何进军看似陌生的搜索领域？实际上，此举并非盲目跟风或追热点，而是基于公司的传统技术和数据积累，开拓生成式 AI 第二增长曲线的战略转向。

正如前文所言，昆仑万维旗下拥有一款有千万日活用户、面向全球十余种语言市场的新闻推荐产品 Opera News。而要做新闻推荐，第一步就是要做搜索引擎。2017 年 Opera News 诞生以来，昆仑万维已经在数据抓取、推荐算法等搜索引擎技术上拥有多年的技术积累。

公司创始人周亚辉认为："搜索技术的市场格局相对稳健，这 20 多年来一直没有出现突破性的创新，大模型的出现带来了一个革命性的机会。"

传统的搜索方式是输入一个关键词或问题后，搜索引擎提供一些最相关的结果；要获得有用的信息，用户必须自己进行筛选并一个个地打开链接，再花时间进行阅读和总结。昆仑万维董事长兼 CEO 方汉估算道："整个搜索过程大概是每搜索一个关键词可能要花 5~10 分钟时间，用户才能得到想要的结果。"

这个效率显然不算高，用户还要排除竞价排名广告等其他因素带来的干扰。随着移动互联网时代推荐算法的逐渐兴起，越来越多的 C 端用户使用搜索的频率下降了，这一趋势在中国市场尤为明显。

而天工 AI 搜索最大的价值主张就是显著提升用户通过搜索获取正确信息的效率。通过大模型技术，天工 AI 搜索能够把整个搜索获取信息的时间压缩到 4~5 秒，AI 对各个网站内容进行归纳总结，直接给用户提供答案。

另外，天工 AI 搜索也解决了大模型在生成内容时出现幻觉的弊病。受模型的生成机制所困，所有大模型都无法保证回答问题的准确性，反而时常出现"一本正经地胡说八道"现象。为了解决这一问题，天工 AI 搜索在所有回答中加入了信源索引，让大模型提供的每一个信息都"有理有据"，以此保证答案可追溯、可考证、可信赖。方汉不无自豪地保证说："我可以拍着胸脯和用户说，我们的搜索产品完全没有幻觉问题，因为大模型给到的每句话都是有来源和根据的。"

据了解，从战略方向确定到产品研发，天工 AI 搜索的整个研发过程并不长。"索引和排名算法等搜索引擎技术都是现成的，在大模型底座上，训练语料也是公司自己积累的，因此调教大模型往 AI 搜索上转就相对容易。"方汉介绍。

在技术底座相对成熟的基础上，团队把更多的精力放到了产品体验的打磨上，而其中的难点在于如何将搜索与大模型集成，让大模型将搜索结果整合成用户真正需要的知识。

例如天工 AI 搜索的信源功能，它的灵感来自一位产品经理的个人习惯。这位产品经理在网上与别人辩论时，经常引用权威的信源，让其论点更具说服力。

没想到，在产品测试过程中，用户非常认可这一功能。首先，信源的引入部分解决了大模型的幻觉问题与可解释性薄弱的问题，提升了人们使用 AIGC 的信心。此外，如此"学院派"的功能也特别适合那些把搜索引擎当生产力工具的用户。

方汉认为："中国的移动互联网时代群雄割据，大量娱乐向的轻度内容存放在各个巨头的平台上，但一些严肃内容的公开程度反而更高。"所以，天工 AI 搜索的首要目标群体，就是那些将搜索当作生产力工具的群体，包括传媒、科研和投研等领域的人士。更长远来看，方汉希望天

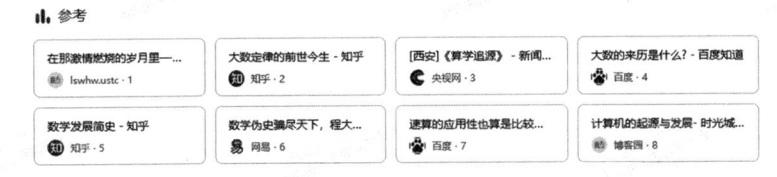

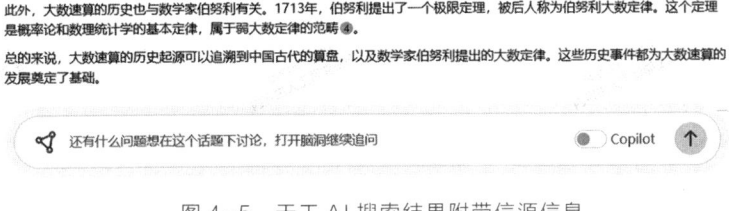

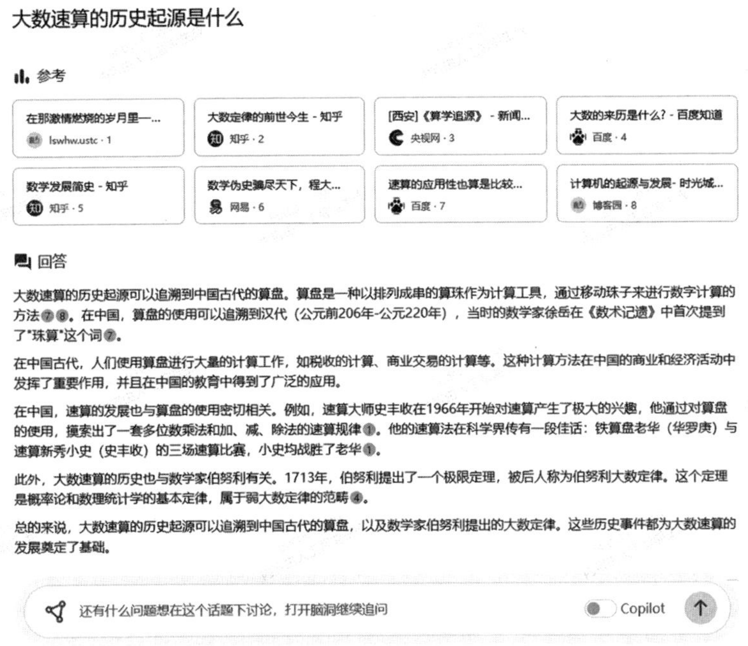

图 4-5　天工 AI 搜索结果附带信源信息

工 AI 搜索能成为一条"鲶鱼",搅动搜索行业产生新的发展。传统的搜索巨头赖以生存的基于广告的商业模式难以支持 AI 搜索的颠覆式创新,而大模型搜索在提升人们生产力上的创新,有望带来新的收费模式。

针对 AI 大模型技术的下一步发展,周亚辉判断,AI 大模型会像其他技术一样,呈现锯齿形的曲线式发展,即在一个很长的周期里,比如未来 10~30 年的总体趋势都是往上发展的,但它总是发展一两年后停滞两三年,循环往复。"大模型不会一直热,一定会有低谷期,但昆仑万维会一直坚持做下去,踏踏实实做产品和技术研究,不断迭代技术。"

企业文化是 AI 转型的支柱

目前昆仑万维有几大 AI 业务矩阵。其中，在国内聚焦 AI 大模型底座与 AI 搜索产品；在海外则专注于内容与社交赛道，包括 AI 游戏、AI 音乐、AI 社交等。

对于"All in AIGC 与 AGI"的昆仑万维，转型 AI 的战役显然是一场决定公司未来命运的关键之战，也是一次充满未知和挑战的转型之旅。从领导层的表态看，昆仑万维认为自己长期赖以生存和发展的创业者心态，是为其 AI 转型战略保驾护航的秘密武器。

昆仑万维 2023 年底发布了新的公司使命："实现通用人工智能，让每个人更好地塑造和表达自我。"创始人周亚辉认为："未来 30 年，人类社会在自我表达侧的需求要翻 1000 倍；创作和自我表达的发展曲线是未来 30 年在整个社交和文化领域增长最快的曲线，我们要用 AI 把人类创作的门槛降得足够低，让人们更充分地实现自我表达。"

如何支撑一家市值百亿的公司拥抱变化，进行面向 AI 的整体转型，昆仑万维给出的答案是"始终保持'第一天'的心态"。昆仑万维发布的新的企业价值观如此写道：

"面对实现通用人工智能这一未知而漫长的挑战，我们认识到这条道路本质上就是一场创业旅程。要在这条道路上取得最终胜利，我们需要全体员工都能够秉持'Always Day One'（总是第一天）的创业精神。"

作为一家上市互联网公司，昆仑万维是率先提出"All in AIGC 与 AGI"战略的早期探索者之一，它的各项创新业务能否取得成功，还有待观察。但可以肯定的是，其 AI 转型的旅程，将为其他中国企业拥抱 AI 创新提供有益启示。

魔搭社区：将 AI 开源进行到底

2023 年重阳节，杭州金秋家园的老人们收到了一个让他们意想不到的礼物。只用几分钟时间，她们就变成了"在逃公主""汉服美人"。有些老人还第一次看到自己穿上婚纱的模样，弥补了年轻时的遗憾。

帮助老人们圆梦的并非魔法，而是来自魔搭社区的开源大模型应用 FaceChain。魔搭社区运营负责人石洪竺介绍，一开始 FaceChain 上只有几种照片风格，后来是社区的开发者们群策群力，训练出几十种不同的写真风格，其中最受老人们欢迎的两种风格"在逃公主"和"婚纱照"的贡献者是来自浙江大学的在校学生。没有开源社区的参与，也不可能有这么多丰富多彩的照片风格。

在技术发展开拓期，开源社区对技术的渗透和推广有着不可替代的作用。Hugging Face 的联合创始人兼 CEO 克莱门特·德朗格（Clément Delangue）就曾现身说法："通过开源来赋能社区比创造专利知识的价值大 1000 倍。"

生成式 AI 有改变世界的潜力，但对于普通开发者来说，也存在着使用门槛高、部署难度大等痛点。那么能否通过开源社区，为广大开发者提供一个模型即服务平台，让大模型技术实现普及？

这个设想其实早已在阿里云内部达成了共识。2022 年云栖大会杭州现场，阿里云联手中国计算机学会开源发展委员会共同推出 AI 模型社区"魔搭"，这个时间，比震撼全球的 ChatGPT 发布的时间足足早了一个月。

谈到为何要建立一个大模型开源社区，阿里云首席技术官周靖人表示，AI 模型较为复杂，尤其是要应用于行业场景，往往需要重新训练，这使得 AI 只掌握在少数算法人员手中，难以走向大众。而魔搭社区提供众多预训练基础模型，只需针对具体场景再稍做调优，就能快速投入使用。

解决社区冷启动挑战

建立一个繁荣的 AI 社区是一个美好的愿景，但在社区冷启动阶段，吸引开发者，让社区"转起来"是一个巨大的挑战，需要平台具备强大的技术实力，还要有高效的运营能力，阿里云在这方面做对了几件事。

首先，达摩院以身作则，率先贡献出自己多年积累的 300 多个模型，涵盖了自然语言处理、视觉、语音和多模态等多个方向，包括最新的通义大模型。"达摩院这次是倾囊相授了。"周靖人在接受媒体采访时表示，"我们希望起个好头，就得把自己最好的模型拿出来。"

建造社区不能单打独斗。阿里云联合了一众领先的 AI 创业公司和科研机构，在社区首批合作机构中，有深势科技、澜舟科技、智谱 AI、中国科学技术大学等。深势科技的蛋白质序列预测模型 Uni Fold Monomer、澜舟科技的孟子系列语言大模型、智谱 AI 的 GLM 多语言预训练模型等都上架了魔搭社区。

其次，光有模型还不够。"留住开发者的关键是让他们把模型用起来。"石洪竺总结道。2023 年各家推出的大模型浩如烟海，如 GPT-4、Llama、百川大模型等。这些模型参数越来越大，效果越来越好，同时也需要越来越多的算力资源。全量微调它们动辄需要几十上百 G 显存训练部署，一般的实验室和个人开发者无力承担。

为了解决这个问题，魔搭开源社区推出了一套完整的轻量级训练推理工具：帮开发者构建一个端到端的模型训练框架——SWIFT，让 AI 爱好者用自己的消费级显卡就能玩转大模型。

正如它的名字一样，SWIFT 不但让训练推理轻快如飞，也让魔搭社区进入了飞速发展期。石洪竺表示:"SWIFT框架上线后,开发者的数量一下增加了690%。我们把大模型的门槛降低,让开发者们把模型用起来,社区生态起来了,像FaceChain这样的应用生态才能起来。"

再次,打通大模型在社区部署和推理的对接框架。每当有新模型上线,魔搭运营团队就会推出模型部署和推理的优质实践和教程,甚至比模型厂商推出的官方教程还要更早。这让百川智能的CEO王小川都不禁惊叹:"这就是魔搭速度。"

在Llama 2模型推出后,利用SWIFT框架,魔搭在24小时之内就推出了微调的优质实践和教程,达到了国内最快。这种对各种模型对接的易用性,也吸引了大量想尝鲜各种新模型的开发者。目前在魔搭社区和其官方微信号上,几乎每周都会推出新上线模型的部署实践和教程,这背后是运营团队付出的大量努力。

最后,为进一步降低大模型使用门槛,魔搭在2023年底推出了一款智能工具"魔搭GPT",它能接收用户指令,通过"中枢模型"一键调用魔搭社区的其他AI模型,大小模型协同完成复杂任务。这是国内首款大模型调用工具。

魔搭GPT现已能够调用魔搭社区几十个核心AI模型的API,未来随着更多模型API的加入,魔搭GPT的能力也将不断增强。构建这一模型调用工具的数据集和训练方案将会对外开放,供开发者自行使用,开发者可以根据需要对不同的大模型和小模型进行组合。

百花齐放的应用生态

经过一年多的耕耘,一个开放的开发者社区已经初具规模。到2024年初,魔搭已聚集了3000多款AI模型、400万开发者,AI模型下载量突破1亿。

各种充满创意的社区应用开始在这个方兴未艾的生态中涌现。

北大ChatLaw团队推出大模型恋爱神器，让大模型具备MBTI（迈尔斯-布里格斯人格类型测验）中的全部16种人格。同一个大模型，在不同人格下的回答都不一样。

比如，提问：你周末喜欢干什么？ENFP（竞选者型人格）的大模型会说：喜欢参加社交活动，结识新朋友。INFJ（提倡者型人格）的大模型则回答：喜欢独自度过。

所以，这个模型有什么用？北大的开发者同学们列出了一些脑洞大开的情景：在特殊节日，给你的男/女朋友寻找心仪的礼物；了解你关注的那个人在不同情境下的反应；在做出重大决策时，考虑不同情境下的个性特征；通过深入了解人性的复杂性，促进个人成长和相互理解。

"Chat凉宫春日"项目从小说或者电影中提取文本，形成知识库，再训练大模型，让其在对话中扮演一个动漫人物或者知名影视作品中的人物，让动漫或影视人物走进现实，成为陪伴人们聊天的朋友。

虽然项目名字里只有凉宫春日，但它可以模仿的人物达到了32个，包括李云龙（《亮剑》男主角）、哈利·波特、张牧之（电影《让子弹飞》男主角）、谢尔顿·库珀（美剧《生活大爆炸》男主角）等等。聊天时，这个模型不仅可以模仿这些人物的语气、个性，还能充分结合剧情。

开源版哆啦A梦任意门Anydoor，是基于扩散模型的图像生成模型，有以非常和谐的方式将目标对象传送到用户指定的新场景的能力。过程中不需要为每个对象调整参数，只需要训练一次，且在推理阶段适用于各种不同的对象-场景组合。

这些天马行空又引人入胜的应用，代表一个AI社区无限的想象力和创造活力，也许下一个AI原生killer App就将诞生于这群年轻的开发者之手。正如周靖人所说："我们只是牵了个头，希望更多开发者一起来贡献，让社区转起来，把模型'玩'起来，进而发挥 AI 大模型的无限潜力。"

距今 4.5 亿年前，寒武纪的生命大爆发塑造了今天的物种多样性，让高等生命的进化成为可能。如今大模型技术的爆发，同样让人工智能生态进入了物种爆发和超高速发展的全新纪元。

无论是大模型公司、云计算平台还是 AI 应用初创公司，都正努力抓住时代的机遇，占据属于自己的生态位，并试图塑造人工智能的未来世界。正如比尔·盖茨所说，我们总是高估未来两年的变化，低估未来 10 年的变革。也许大模型和其众多应用今天仍稚嫩，但终将进化成极具影响力的全新物种。在今天这个"AI 寒武纪"爆发的时点，剖析大模型产业的初始格局，也许将帮助我们一窥未来 AI 世界的万千气象。